OHSAMA BUNKO

読むだけで心ときめく美人のことば練習帖

岩下宣子

三笠書房

はじめに……心は言葉に表われる　言葉は心を変えていく

言葉には、人の心がそのまま表われます。

どのような言葉を使い、どのように話すかに、その人の心があふれ出ます。**心の美しい状態が、言葉づかいにも話し方にも表われている人。**そんな人こそが、本当の〝美人〟だと、私は考えています。

たとえば日本語には、英語の「ＬＯＶＥ」にあたるような意味合いの表現が、たくさんあります。

「愛おしい」「慕《した》う」「かわいい」「慈《いつく》しむ」「かけがえのない」「首ったけ」「憎からず思う」……こうした言葉の豊かなグラデーションの中から、自分の気持ちにぴったりくるものを選び、上手に話している人には、誰もが心惹《ひ》かれるでしょう。

言葉は、感性そのもの。彩り豊かな表現を、多く持っているほど、感性はみずみずしく磨かれ、その人自身の魅力もいっそう輝くのです。

また、日本語に複雑な敬語表現があり、相手を慮《おもんぱか》る言葉がたくさんあるのは、そこに先人たちの**「和」を重んじる心**が込められているからに他なりません。

「和」とは、自分も相手も心地よくなるよう、つとめようとする思いです。

たとえば、雨や風の強い日のお客様に**「お足元の悪い中、お越しくださいまして」**と言うだけで、来てくださった相手の労力に感謝している思いが伝わりますね。

そんな言葉には、**聞いた人の気持ちを〝ほっこり〟となごませ、癒す力**があります。

美人――それは、豊かな表現で、自分の感情を表現できる女性。

美人――それは、真心のこもった優しい言葉づかいができる女性。

そんな「豊かな感性」と「温かい思いやり」の詰まった、使ってみたい表現・聞いてみたい言葉を、この本にはたくさん集めました。

ぜひ、あなたの〝言葉の引き出し〟の中に加えてみてください。

岩下　宣子

◆もくじ

1章 素敵な人は、「美しい言葉」をたくさん知っています

2章 感動・喜び・驚き……「今の気持ち」を豊かに表わす

3章 「いつもの暮らし」をカラフルに彩る言葉

おもてなしの言葉　110

ちょっとだけ、いつもより気取ってみる　114

食事がますます美味しくなる　118

身だしなみに気をくばる　122

掃除、洗濯……家事が楽しくなる　124

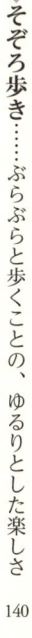

4章 手紙に書き添えたい〝ほんのり上品〟な言いまわし

5章 自分もみんなも笑顔になる「会話のおもてなし」

1章

素敵な人は、「美しい言葉」をたくさん知っています

魅力的な人は、さりげなく〝心のお化粧〟をしている

言葉づかいは心づかい。

あなたの使う言葉は、あなたの感情そのものです。

考え事をするとき、人と話すとき、文章を書くとき……あなたはふだん、どんな言葉を使っていますか？

私たちの顔には、33から36種類もの筋肉、表情筋があるといわれています。

そのうち、自分の脳の命令で動かせるものは、ふつうは、目と口と舌を動かす3つだけ。その他の30種類以上の表情筋は、脳の命令でなく「感情」でしか動かない、とても繊細な筋肉なのだそうです。

ですから、「心の中は他人に見えないし、何を考えていても、相手にわからないだ

ろう」とばかり、汚い言葉で意地悪なことばかり考えていると、顔を意地悪そうに見せる表情筋が即座に動いて、意地悪そうな顔になります。

反対に、美しい言葉で考え、真心のこもった言葉で人と話していると、穏やかで優しそうな顔になっていきます。

そんなふうに無意識のうちに、言葉は私たちに影響しています。

「男は40歳になったら自分の顔に責任を持ちなさい」「女の顔は、30歳までは神様からもらった顔、40歳すぎたら自分で稼いだ顔」といわれるように、日々どのような言葉で考え、どのような言葉を使うかで、表情筋が繊細に動いて、その人の顔をつくっていくのです。

美しい言葉で考え、美しい言葉を使うことが、あなた自身の表情を、たたずまいを、心までを美しくしてくれるのです。

また、先人たちは、よい心の使い方をすることを「**心に化粧をする**」といっています。この本でぜひ、心のお化粧をなさっていただけるとありがたいです。

きれいな言葉に慣れると、乱暴な言葉が気持ち悪くなる

言葉には、その人の感性がそのまま表われるもの。

私は、死ぬまで使うことがないだろうと思っている言葉があります。「ムカつく」という言葉です。音の響きが、どうしても美しく感じられません。

ある若い女性が「クソ！」と言っているのを聞いた友人が、「お」をつけておっしゃったら、と指導したと聞いたことがあります。

「おくそ」です。

……それでも、やっぱり嫌ですね。美しくない感情の言葉に、美化語の「お」をつけてみても、少しもきれいにはなりません。言葉って面白いですね。

「上品」の反対の「下品」に「お」をつけると「お下品」。やっぱりこれも、使いたくない響きの言葉です。

美しく着飾った女性が、「チッ」と舌打ちをしているのを目にしたら、どのように感じるでしょうか。幻滅なんてものではありません！　品のない人、教養のない人と思ってしまうことでしょう。

人には〝なくて七癖《ななくせ》〟あるといわれます。一度ついた癖はなかなか抜けません。若いときは面白がって、ヘンな言葉づかいを真似したくなるものですが、それが癖にならないよう、気をつけなければいけません。

家の中をきれいにしている人は、汚い部屋には決して住めないように、きれいな言葉を愛する人は、きれいではない言葉は、気持ちが悪くて使えないのです。

乱暴な言葉は、乱暴な心の表われです。思いやりのある人は、相手の気持ちを慮りながら話すので、ごく自然に、相手を大切に思っているのが伝わる言葉が、口から出てくるのだと思います。

人づきあいは基本的には、こちらが相手を大切にすれば、相手もこちらを大切にしてくれます。

相手を大切に思っていたら、おのずと親切で優しいものの言い方になるでしょう。人や物を大切に思う気持ちを、素直に表現すればよいだけです。

心に響く挨拶《あいさつ》、心ここにあらずと思われる挨拶

朝礼で社員そろって、朝の挨拶《あいさつ》をする会社は多いでしょう。その後、朝礼で挨拶をした人と、廊下ですれ違いました。あなたはそんなとき、どのように対応しますか?

① **「お疲れさまです」と言う**
② **アイコンタクトをして笑顔の会釈のみ**

私は②のほうがよいと思います。「お疲れさま」は、相手の労をねぎらう言葉として、職場では目上の方にも使える便利な言葉です。たとえば社長が外出から戻られたら「社長、お帰りなさいませ。お疲れさまでした」というように(ただし、労をねぎ

らう側が優位に立つことになるので、社外の方には使ってはいけません。お客様より優位に立ってはいけませんね）。

ずいぶん昔の話で恐縮ですが、私が会社勤めをしていた頃は、仕事を終えて帰る人が「お先に失礼します」と挨拶すると、残っている人たちが「お疲れさまでした」と返したものです。「お疲れさま」はそんなふうに**お互いが、その日一日の働きをねぎらい合う際には、非常によい言葉**だと思います。

ただ近頃は、この「お疲れさま」が連発されすぎているように思いませんか。朝も昼も夜も、いつでも「お疲れさま」で済ませてしまって、まるで心ここにあらず、という印象を受けます。

ある営業マンが朝、会社に電話したところ「○○さん、おはようございます。お疲れさまです」と言われて、「まだこんな時間じゃ、ちっとも疲れていないよ」と返したという笑い話を聞いたことがあります。

私自身、講演先でトイレから出てきたときに、スタッフの方から「お疲れさま」と言われ、なんだか違和感がありました。**心がそこに入っていない挨拶は、かえって居**

心地が悪く、なんだか寂しい気持ちにさせられるものです。

「お疲れさま」は、言葉としては「疲れる」が含まれていますから、プラスの言葉ではないと思います。マイナスの言葉は、朝はなるべく使わないほうがよいのではないでしょうか。

職場の廊下で社内の人に会ったときは、朝なら「おはようございます」。それ以後は、アイコンタクトと笑顔の会釈でよいと思います。

若い方は、何か声に出さないと不安なのでしょうか。そのわりに、混み合っている電車から降りるときに、黙って人をかき分けていく人がいます。

ああいうときこそ、無言ではなく、「降ります」「失礼します」とひと言、発する。それが今、あなたの目の前にいる相手の立場に立った〝思いやりの言葉〟です。

先人たちは、それを**「愛語《あいご》」**といっています。

鎌倉時代に生きたお坊さん・道元《どうげん》禅師も、

「愛語回天《かいてん》の力あり」

といっています。

これは、**真心から出た言葉は、天をも逆さにする力がある**という意味です。私利私欲でなく、真心で言葉を考え、伝えられる人になれるとよいですね。

言葉づかいは「心づかい」そのものなのです。

Memo

「ＬＯＶＥ」という言葉が日本に入ってきたとき、「愛」ではなく「ご大切」と訳したそうです。日本は、昔から礼節の国といわれてきました。そして礼節とはまさに、自分も相手も大切にする言葉づかいや、振る舞いのことなのです。

たったひと言の〝魔法の力〟で、その場に笑顔をもたらす人

「きれいな人」と言われるより「美しい人」と言われる人になりたいものです。

なぜなら、「きれい」は、あくまで外見が整っている状態をいうのに対し、**「美しい」は、魅力的な心映えが顔や雰囲気にまで出ていることをいう**と、聞いたことがあるからです。

大変失礼なのですが、初めてお会いしたときは、そんなにきれいに感じなかった方が、お話ししていく中で、または、おつきあいを重ねていく中で美しく感じられることがあります。不思議ですね。きっと、心を磨いて日々生きている方だからではないでしょうか。

それでは、美しさをつくる栄養は何でしょうか。やはり、言葉だと思います。

心が豊かになる言葉、落ち込んでも、また頑張ってみようと思える元気や勇気が湧

く言葉。そんな言葉をたくさん知っている方は、とても魅力的です。

まるで〝言葉の魔術師〟のように、素敵な表現をされる方にお目にかかると、私も、あんなふうに相手の気持ちに届く言葉づかいができるようになりたいと思います。

たとえば、春の山の明るく生気を帯びた様子を擬人化した「**山笑う**」という表現があります。春爛漫《らんまん》の季節、いろいろな木々の緑がムクムクと生い茂り、元気そうに光を浴びている様子は、まさに「山が笑っている」ようなのです。

旅行先でそのような景色に出会い、「山が笑っているようですね」と友人が言ったとき、目の前の眺めがいっそう美しいものに感じられました。「本当！　山笑う、だわね」と思わずニッコリしてしまいます。

また、春の桜の季節に散った花びらが、川面やお濠《ほり》の水面に浮かんで流れていく様子を「**花筏**《はないかだ》」と表現します。

春、そのような景色に会ったとき「花筏が美しい！」と自然に言葉が口をついて出るようになると、使った本人はもちろん、まわりの人まで、心が豊かになるでしょう。

そんな素敵な表現が、日本の言葉にはたくさんあるのです。

言葉の〝引き出し〟には、グラデーション豊かな言葉を

「お金持ち」よりも**「言葉持ち」**のほうが、よい人間関係をつくることができます。

犬、子供、洋服、人……何に対しても「かわいい！」と言う人がいますが、あまり感性が豊かではないなと感じてしまいます。昔、そんなふうにバリエーションの豊かではないことを指して、「犬の卒倒（ワン・パターン）」と言うのが流行《はや》ったものです（ダジャレです、ごめんなさい）。

素敵なものを賞賛する言葉は、たくさんあります。

「きれい」「美しい」「かっこよい」「知的」「優雅」「エレガンス」「魅力的」「華がある」「ひまわりの花のよう」「お人形のよう」など。

なんでも「かわいい」で済ませてしまわないで、「いいな！」と思ったところを具体的に言葉にすると、「この人と一緒にいると楽しい」と周囲に感じさせる、あなた

だけの魅力が伝わるのです。

もう一つ、ワンパターンな表現として「すみません」があります。

用件を終えて退出するときは、「すみませんでした」でなく「失礼しました」。

店先で店員さんに声をかけるときは、「すみませ〜ん」でなく「お願いします」。

先輩に仕事を手伝ってもらったときは、「すみません」でなく「ありがとうございました」。

人に仕事を頼むときは、「すみませんが」でなく「恐れ入りますが」。

お客様に会社にお越しいただくようお願いするときは「すみませんが」でなく「ご面倒をおかけしますが」と言うとよいでしょう。

また、お詫《わ》びをするときは、「すみません」でなく「申し訳ありません」「誠に申し訳ありません」「大変申し訳ありません」など相手やお詫びの状況に合わせて考えてみましょう。**相手や状況に合わせて適切な表現ができると、「ていねいで行き届いた人だなあ」と好感を持ってもらえます。**

「かわいい」「すみません」で済ませずに、その場面場面で、より適切な言葉を考え、〝言葉の引き出し〟を増やしてください。

「愛」ある言葉で話すほど、幸せのループが生まれていく

私たち日本人は、話すときに、あいまいな表現をしがちです。相手の気持ちを慮り、相手の負担にならないようにと考えるからです。

たとえば、食事に誘うとき「イタリア料理はお好きかしら」ということを、あなたならどのように聞きますか。

A「イタリア料理など、どうでしょうか」
B「イタリア料理はお好きですか」

最近は、Ａのような聞き方をする方が増えているように思います。

イタリア料理だけに限らず、食べ物の好みを聞こうと、あえて「など」をつけたの

かしらと思いますが、好きか嫌いかを聞きたいのなら、Bのほうが相手にとっては答えやすい表現です。

Aは、相手のことを思って気を利かせたつもりでしょうが、聞かれた側には少し不親切な言い方です。「など」と濁されると、どういう答えを求められているのかスッキリせず、答えづらいですね。

相手の立場に立って、どのような表現をしたら答えやすいだろう、と考えて質問したり、お話ししたりすることが大事です。

たとえば、試着した服が気に入らなかったとき、店員の方にどのように告げますか。

A「ちょっと、ナシかな、みたいな……」

B「せっかく、試着させていただいたのですが、もう少し考えさせてください」

どちらが大人の表現でしょうか。Bですよね。相手の行為に感謝しつつ、相手の気持ちに沿えないことを伝える。

「みたいな」という表現は、断定した言い方をしないことで、相手を慮っているのでしょうが、どうも子供っぽく聞こえます。

言いづらいことを伝えるとき――たとえば、後輩に気が利かないことを注意するようなときにも、あいまいで不明瞭な表現をしたくなるものです。

「もう少し察してくれたらいいかな、みたいな」

なんて言い方をする人もいますが、「みたいな」をつけることで、かえって嫌な雰囲気になっています。同じことを伝えるのでも、どのように表現したら、相手が少しでも嫌な気持ちにならずに済むか考えて、

「もう少し相手の気持ちを察してくれると、ありがたいのだけれど」

というように伝えたいもの。言うべきことはハッキリと言うことも、大切です。

言葉をあいまいにぼやかすことで、相手との衝突を避けようとする気持ちもわかるのですが、そのせいでかえって不親切な言い方になっていることがあります。

相手に対してもう一歩、思いやりの気持ちを持つと、より行き届いた美しい日本語が使えるようになるのです。

私は日頃、**「マナーは愛」**という言葉をモットーに、マナーの講演や研修をしています。マナーと聞くと、自分が恥をかかないために知っておくべき礼儀作法、というイメージを持たれている方も多いようですが、決してそうではありません。

かつて五千円札の肖像画になっていた新渡戸《にとべ》稲造《いなぞう》も、『武士道』という本の中で、次のように書いています。

「体裁を気にして行なうのならば、礼儀とは浅ましい行為である。真の礼儀とは、相手に対する思いやりの気持ちが外にあらわれたもの。礼儀の最高の姿は愛とかわりありません」

目の前の相手を大切に思う心、周囲への思いやりの心を表わすためのものがマナーです。これは、美しい言葉づかいについてもいえると思います。

美しい言葉とは、自分も相手も心地よく、楽しく、より幸せになれる言葉のこと。

そんな言葉づかいをできる人になれるよう、この本を役立てていただけたら、ありがたく思います。

2
章

感動・喜び・驚き……
「今の気持ち」を豊かに表わす

あふれる〝感動〟を言葉にしたいとき

「目頭が熱くなる」「胸に迫る」「胸にしみる」
「このうえない」「鳥肌が立つ」

映画を観たり、本を読んだりしたときに、思わず胸にグッときて、涙が出てくることがあります。まさに「**目頭が熱くなる**」瞬間です。深い感動のために、涙が思わずこみ上げてくるときのことを、こういいます。

そんなときの心は、じんわりとした幸せを感じています。胸いっぱいに感動があふれてきた——「**胸に迫る**」「**胸にしみいる**」という言葉がぴったりです。

日本には、平安文学から続く「あはれ」という、しみじみとした情趣を表わす言葉がありますが、これを現代風に表現すると、「胸にしみいる」という感じではないでしょうか。

そんな作品と出会ったら、「この本は、胸に迫るものがあったわよ。ぜひ読んでみて」と人におすすめするのもいいですね。

「感動こそ生きる原動力」といいますが、美しい風景に出会ったときにも感動して、また頑張ろうという気持ちになります。

私は、よく出張で出かける、長野県の茅野《ちの》あたりを走る中央本線の車窓の景色に、いつも生きる元気をもらっています。

幼い日に感動した、青空の美しさが思い出されるからです。

小学生の頃、通っていた東京の西神田小学校の屋上で一人寝転がって、空に浮かぶ雲を見ていたら、「私は、青い空がある限り、きっと生きることができる、青い空から元気をもらえる」と妙な自信を持った記憶があります。

いまだ、雲を見るのが大好きですし、夜の月や星を見ても元気が出てきます。

そうした眺めは、私にとって**「このうえない」**ものです。

「このうえない」とは、「最高の」「最上の」という意味ですが、より柔らかい印象を与えるように思います。「すごい」「超いい」といった言葉にはない、上品さもありますね。

たとえば——素晴らしい人や物と出会ったときに、

「このうえなく心惹かれました」

あるいは、身近な人に改めて思いを伝えるときに、

「あなたをこのうえなく大切に思っています」

などと言えたら、ロマンティックな響きがして素敵ではないでしょうか。

最近は、感動したときに**「鳥肌が立つ」**という表現をするようですが、鳥肌とは本来、怖いものを見たときの心境を表現する言葉です。

「あの映画の怖いシーンは、鳥肌が立つほど衝撃的だったわ」と使うのなら、臨場感があっていいのかもしれません。

そうではなく、心から感動したことを表現するのであれば、「胸がいっぱいになる」「胸が躍る」「ほうっと思わず溜め息が出る」「ワクワク・ドキドキする」「心が震える」「魅了される」を使いたいですね。

そんな言葉が思わず出る映画やお芝居を観に行きましょう。唄《うた》を聴きに行きましょう。絵を観に行きましょう。スポーツ観戦に行きましょう。

「感動は脳を活性化する」と教えてくださったのは、脳科学者の故・松本元《まつもとげん》先生です。

感動は脳の栄養です。ただ、一回感動しても、その感動は長くは続きません。いつもフレッシュな感性でいるためには、自分から感動を求めていかなければならないようです。忙しいときほど、ちょっとの時間でよいので感動する時間をつくりたいものです。

その「すごい」を、もっとフレッシュに言うには

「心から」「いたく」「ひとしお」「小粋」

最近、「すごい」と思ったことを強調する際に、「超○○」という表現が使われているのをよく耳にします。「超感激!」「超興奮した」というふうに。英語の「very」ですね。

この「超」をもう少していねいに、奥ゆかしく表現するのに、**「心から」**と言うことをおすすめします。

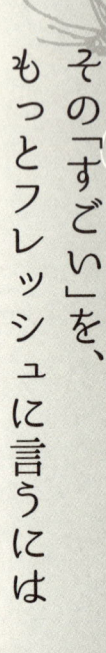

「心から感激しました」

「お目にかかるのを、心から待ち遠しく思っています」

「心より、御礼を申し上げます」

と言うと、いかにも、真心からくる感情をそのまま口にしているようで、相手もうれしく感じるでしょう。


目上の方とお話しするときは、**「いたく」**という表現はいかがでしょう。

「先生のお話に、いたく感動いたしました」

と言うと、「とても感動しました」「大変感動しました」と言うよりも、並みの感動ではないのだと思わせ、古風で優雅な印象も与えます。


また、程度が増すさまを表わす言葉として、**「ひとしお」**はいかがでしょう。

「うれしさもひとしお」「喜びもひとしお」「感動もひとしお」と使ってみてください。

「ひとしお」は漢字では「一入」と書きます。もともと染め物の用語で、「入《しお》」は、染め物を染料につける回数のことです。つまり「ひとしお」で、一度染料につけること、だったのですね。

染料に浸すたびに、色が濃く深くなっていく様子と重なって、程度が増していくさまを表わす言葉になっていったのでしょう。意味としては「いっそう」「ひときわ」と同じですが、こうした語源を知ると、「ひとしお」がより趣《おもむき》深い言葉に感じられます。

「苦労して登山しただけに、頂上からの眺めには、感動もひとしおです」

どうですか。とても風情が感じられますね。

また、「すごい」という状態を表わす表現では、「小」は不思議な接頭語です。言葉に「小」がつくことで、ちょっとした〝言うに言われぬ感じ〟が表わされます。よい意味の事柄に「小」がつくと、英語の「very」と同じ働きをするようです。たとえば、「粋《いき》」というより**「小粋」**というほうが、なぜかより粋な感じを表わしているように思えませんか。

「お部屋の中を、いつも小ぎれいにしている」
「あの人は、いつも小ざっぱりしている」
「あの人の話は、いつも小気味いいね」

「小ぢんまりしてよいね」

など、「きれい」「さっぱり」「気味がいい」「ちんまり」に「小」をつけると意味が強調されて、「すごく」がついたようになるのが面白いところです。

それでは、悪い事柄に「小」をつけるとどうでしょう。

「生意気」に「小」をつけると「小生意気」になります。生意気よりもっと憎たらしく感じます。

「小汚い」は汚い以上に状態がひどいようで、なんだか触るのも嫌な感じです。

「バカにされた」より「小バカにされた」と言うほうが、被害が強く感じられます。

「小やかましい」とか「小憎らしい」は、いまいましく、しゃくに感じるというニュアンスの表現です。

『美しいことばの抽きだし』（PHP研究所）の著者・藤久ミネさんは、「この『小』の字がつくだけで、言葉のニュアンスや表情が変わり面白い。まるでスパイスのようだ」と書かれています。同感ですね。

「うれしい」「幸せ」な気持ちが増す言いまわし

「うっとり」「おもはゆい」
「こそばゆい」「身に余る」「しみじみと」

本当に心が満たされて幸せなときは、言葉も出ずに、**「うっとり」**としてしまうのではないでしょうか。たとえば、美味しいものをいただいたとき。「うわあ！」と目がまん丸になり、美味しい目、美味しい表情になっていませんか。
お洒落《しゃれ》でセンスのよいお洋服、目を奪われるような美しい絵画、ロマンティックな映画やドラマのワンシーンを観ているときも、私たちはうっとりとした表情になっているものです。

そんな表情の人といると、こちらまで気持ちが移ってうれしくなったり、楽しくなったりします。幸せな気持ち、うっとりするような気持ちは、どんどん表情にも表わしたいものです。

ひとくちに「幸せ」と言っても、さまざまな種類がありますが、うれしいことがあって照れくさいような、思わず頬《ほお》が赤らむような気持ちのことを、**「おもはゆい」**と言います。

漢字で「面映ゆい」と書いて、顔を上げるとまばゆく感じるような、顔がほてるような照れくささということですね。たとえば、人にほめられたときに、

「過分におほめいただき、おもはゆい思いでおります」

と言うと、「うれしい」・「恥ずかしい」と言うよりも上品ですし、同時にさりげなく謙遜の思いも込められて、いかにも大和撫子《やまとなでしこ》という感じがします。

そんな気持ちと似た意味の言葉に、**「こそばゆい」**があります。くすぐったいような、ムズムズするようなうれしい気持ちです。でも、そんなくすぐったいような幸せ

を感じられるなんて、ありがたいことですよね。

私も、講演の前などに略歴を披露される際、「マナー研究の大家です」などとオーバーな表現をされることがあります（何しろマナーの講師の世界で一番年寄りになってしまったものですから）。

どうにも背中がこそばゆくなって、思わず演台の下などに隠れてしまいたくなります。そのあとで、「過分のご紹介をいただき、またおほめいただきまして、誠にこそばゆい思いでございますが……」などと言い訳しています。

あるいは、謙遜の表現としては、

「**身に余る**お言葉、大変うれしいです。ありがとうございます」

と、光栄に感じている気持ちを込めてお答えするのもよいでしょう。「身に余る」は、いただいた好意や言葉が素晴らしく、もったいないほどのものです、という表現ですね。こんなふうに、うれしい気持ちを素直に表現しつつ、相手を立てて感謝の言葉を述べられたら、素敵ですね。

また、私の好きな表現に「**しみじみと**」というものがあります。

これは、激しい感情の高ぶりではなく、心に深くじんわりとしみいるような温かい感動が湧《わ》いてきたときに使います。

「○○さんとの、これまでの友情を振り返って、しみじみとうれしく思った」

「親の愛情を、しみじみ感じた」

そんな長い時間をかけて蓄積されたような、穏やかな感動を表わしてくれる言葉です。人生を何十年も連れ添って歩んできた夫婦が、

「あなたと一緒に暮らせてよかったと、しみじみ思いました」

なんて語り合っているところを思い浮かべると、ぴったりですね。

私は、自分がうれしいとき、または相手がうれしそうなときに「ハッピー」と口にしながらほほ笑んでいることがよくあるようです。

長野県の松本に住んでいる若い友人が、私の顔を絵に起こして「ハッピー」という文字を添えて、額に入れて贈ってくれました。うれしくなって、大事に家の居間に飾っています。そのイラストを見ると、いつでも不思議とハッピーな気持ちになります。ありがたいことです。

「好き」と言わずに、恋心を伝える

「心ときめく」「お慕いする」
「思いを募《つの》らせる」「憎からず思う」

あなたは今、夢中になっている人はいますか。心がときめいていますか。好きな芸能人はいますか。私が夢中になる対象は、どうやら人ではないようです。

どうしてそうなったかというと、中学生のときに大好きな人ができて、嫉妬《しっと》心に苦しんだのです。女子中学校に通っていましたので、もちろんその相手も女性です。その人が他の人と話しているときにも、やきもちを焼いていました。

その経験が、私が人を好きになるのを抑制してしまっているのか自分でもわかりません。ですが、今は夢中になっているのは「マナー道」の仕事です。どうしたら喜んでもらえて役に立つ研修ができるか、夢中になって考えています。

「心がときめく」なんて、青春時代の甘酸っぱい恋心を連想させられる、素敵な言葉ではないでしょうか。期待で胸がドキドキと高鳴る様子を表わす言葉です。

私はテレビドラマでそういうシーンを観ていると、「頑張れ！　想いが成就するといいね」とすぐに思ってしまいます。

とはいえ、胸が高鳴ったとき、すぐに「好きです」「大好きです」と告白できる人はなかなかいないのではないでしょうか。言葉が出ず、顔が真っ赤になり、心臓の鼓動だけが体中に響き渡っているのだと思います。

夏目漱石が「I LOVE YOU」を**「月がきれいですね」**と訳したという逸話《いつわ》は、実話なのか後世の創作なのかわからないそうなのですが、真偽はともかく、実に日本人らしい感性の訳だと思います。奥ゆかしく、粋で、叙情的です。

日本人は多くを語らず、言葉にしていない感情を、お互いに「察し合う」ことで心を通わせるという美意識を持っているように思います。
それに何より、大切な方と一緒にいると、夜空に浮かんでいる見慣れた月が、特別に美しく感じられるというのには、どなたも共感するのではないでしょうか。

昔なら、恋しい相手には恋文を出して想いを伝えました。それでもやはり、「好きです」とか「愛しています」などと書くのは恥ずかしいし、情緒に欠ける気もして、

「お慕いしております」

と書いたものです。「慕う」という言葉には、相手への恋心だけでなく、憧れや尊敬の思いも込めることができるので、伝えられたほうもうれしいでしょう。また、

「お会いしたい思いを募《つの》らせております」

と、「会いたい気持ち」を素直に伝えるのも素敵ですね。

「恋しい人」は**「いとおしい人」**と言い換えられます。
「いとおし」は、愛情深く、大切にそっとしておきたいような気持ちのこと。ドライだからではなく、あなたのことを**かけがえのない**存在に思っているからこそ、私の心

はどうしたらよいかわからない……という感じでしょうか。

「いとおしい人、会いたかった」

と口に出して言ったら、お互いに胸がキュンとするはずです。

もっとカジュアルな表現では、**「首ったけ」**というものがあります。私はあなたに夢中よ、という感じでしょうか。いつでも相手を恋しく思っていて、もうメロメロですよ、かわいくて大切で仕方がないです、という状態です。

ご夫婦や恋人同士のあいだでは、たまにはちょっとリップサービスをして、「あなたに首ったけよ」とささやいてみたらいかがでしょう。喜ばれること間違いありません。

また、遠回しに好意を伝える表現として、**「憎からず思う」**というのも、上品な恥じらいがあって素敵でしょう。「憎くない」――つまり、好意を抱いている、惹かれているということを、奥ゆかしく表わしています。

「あの人のことをどう思っているの？」

「憎からず思っているわ」

そんな会話には、なんだかほんのりとした恋のムードが漂いますね。

「恥ずかしい」と感じたとき・感じるべきときに

「はしたない」「奥ゆかしい」

最近は、「恥」という日本の文化が、どこかに行ってしまったのかと思うことがあります。

電車に急いで乗ろうとして、目の前でドアが閉まってしまったとき、日本人は苦笑いする人が多いようです。恥ずかしさをごまかそうとすると、苦笑いになるのでしょう。

一方で、電車の中でお化粧をする女性は、どうでしょうか。恥ずかしいという気持ちがあれば、人前であのようなことはできません。

「恥ずかしい」とは、**「はしたない」**こと。

はしたない人とは、つつしみがなく、周囲への配慮が欠けている人のことです。

「振る舞いのみっともない」人ともいえるでしょう。

〝はしたない〟と私が感じることは、たとえばトイレから、ハンカチで手をふきながら出てくる人（トイレから出る前に、手はふき終えましょう）。

電車の中で携帯電話で話すのもＮＧ。周囲に人がいる場所でどうしても使わなくてはならないとき、どうすべきか。近くの方に不快な思いをさせないように静かに話し、終わったら隣の人に軽く会釈ができる人も、恥を知っている人です。

初めてお会いするのに名刺を忘れるのも、大変恥ずかしいことです。そんなとき、素直なのはよいことですが、「名刺を忘れました」とは言わず、**「失礼しました。名刺を切らしております」**と言いましょう。

名刺を忘れるとは準備不足ということ、恥ずかしいことです。あとからすぐに自分の名刺を送りましょう。ただし、封筒に直《じか》にそのまま入れるのではなく、小さな角封筒か懐紙《かいし》に包んで、手紙を添えて。タイミングも大事です。お礼は3日以内にするものなので、早くお送りしましょう。

「恥ずかしい」という感情は、人の心を豊かにするように思います。「恥」の感覚を、もっと研《と》ぎ澄ませたいものです。

私自身、こんな恥ずかしい思い出があります。

仕事先で記念品をいただいたときのこと。何が入っているか見たくなって、その場を出たあと、そっと開けたのです。

そうしたら、帰りの電車の中でその品をくださった方に偶然会ってしまい、「あら、開けたのね」と言われてしまいました。包みをすぐ開けたことを悟られて、顔が赤くなりました。

恥を知っている、深みと品のある**「奥ゆかしい」**人になりたいものです。

周囲に心くばりのできる人は、そこにいるだけでも、品がよく、心惹かれる雰囲気を漂わせています。

大人の女の条件は、自分で自分の心をコントロールできること。いつも客観的に自分や自分のまわりを見ようとすることです。いつも、もう一人の自分を持つようにして、他人の目になって自分を見るので、感情の揺れが大きくなりません。他人の気持ちに左右されないので、むやみにイライラすることもありません。

イライラの感情が生まれたら、腹式呼吸で深呼吸しましょう。

まず、口からストローを使って息を吐き出すようなイメージで、細く長く息を吐き出します。次にストローで吸うように、細く長く鼻から息を吸います。そのとき、ゆっくり1から10まで数えてください。これを10回ほど繰り返すうちに、徐々にイライラした感情はおさまってきます。

自分で自分の心をコントロールできないときに、思いやりある美しい「愛語」で話すのは、なかなか難しいかもしれません。そんなときは、ゆったりと深呼吸をしてみてください。

いつもよりていねいに「ありがとう」を伝える

「ひとかたならぬ」「お力添え」
「ひとえに」「痛み入る」「お骨折り」「お目もじ」

「ありがとう」という言葉は、美しい日本語ベストワンに選ばれるでしょう。外国の方が日本に来て初めて覚える言葉も「ありがとう」です。外国の人でも覚えやすく、快い響きの言葉のようです。

この「ありがとう」も、言い方とタイミングが大事です。

いつも話し方でご指導いただいている、岡部《おかべ》達昭《たつあき》先生は、**「ありがとう」は2回言いなさい**とおっしゃっています。

たとえば、ご馳走になったとき、お店を出て「ご馳走になりまして、ありがとうございます」。そして、次にお会いしたとき、「先日はありがとうございました」と2回目のお礼を言うのです。すぐにお会いできないときは、何かの機会でメールをするときに書き添えるのでもよいそうです。たしかに、1回より2回言ったほうが、感謝が伝わります。

お礼を言うときには、具体的に「ありがとう」の気持ちを伝えると、さらに喜ばれるでしょう。「先日のお店の茶碗《ちゃわん》蒸し、本当に美味しかったですね。ありがとうございます」というふうに。

お礼状を出すとき、「ありがとう」の他にも素敵な表現ができたら、と思ったことはないですか。

そんなときは、「お世話になって、とても感謝します」「よいお時間をご一緒させていただいて心豊かになりました」「よいお話を伺って、とても優しい気持ちになれました」と、感謝している自分の気持ちを具体的に言葉に表わせばよいのです。

また、目上の方にお礼を申し上げるときは、

「このたびは、**ひとかたならぬ**お世話になりまして」

と書いてみるのもよいでしょう。「ひとかた」が「並ひと通り」という意味で、「ひとかたならぬ」で「並ひと通りでない」という意味になります。月並みに「大変」「非常に」と書くよりもていねいで、柔らかい印象を与えることができます。

私が好きなのは「**お力添え**」という言葉です。誰かによくしていただいたり、助けていただいたりしたときに使えます。

「お力添えいただきまして、ありがとうございました」

「これも、○○様のお力添えのおかげです」

「お力添え」は「お世話になる」「ご協力をいただく」といったよく使われる表現よりもていねいですし、より真心がこもっているように感じられると思います。

また、「**ひとえに**○○さんのおかげです」というのも、謙虚で奥ゆかしい、日本人らしい表現だと思います。「ひとえ」は「もっぱら」「ひたすら」という意味なので、

より感謝の思いを強めたいときに使えます。

誰かに親切にしていただいたとき、「恐れ入ります」とおっしゃることは多いでしょう。これと同じ場面で、より感謝の思いを強く伝えられるのが、**「痛み入ります」**です。「痛み入る」とは、相手の痛みを感じてしまうほど、恐縮しているということですね。

「お忙しいところ、長いお時間を割《さ》いていただきまして、痛み入ります」というふうに言うと、感謝の気持ちと、申し訳なく思う気持ちの両方を伝えることができます。

これをより強めた、「**お骨折り**いただきまして」という表現もあります。自分のために苦労していただいたことを、「骨折り」というのですね。

また、「**お目もじ**がかなって、光栄でした」などというひと言も添えると、古風で素敵ですね。お会いできてうれしかったです、という気持ちが伝わります。

私は、親しい相手に軽い「ありがとう」を言うとき、ちょっとふざけて「アリが10匹5匹のサル」と言います（もちろん、相手によってです）。相手はキョトンとした顔をしますか、「ありが・とう・ご・ざる……よ」と言うとニコッとしてくれます。

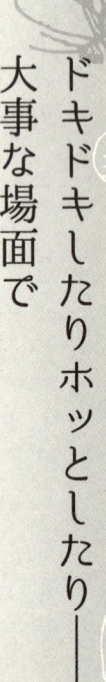

ドキドキしたりホッとしたり――
大事な場面で

「胸をなでおろす」「胸のつかえがとれる」
「ひと息つく」「心安らぐ」

私は、とても緊張しやすく、今でも講演の前や研修の前には心臓がドキドキします。ちょっとのことでびっくりしやすいたちなのです。以前は、こんな自分の性質を人に知られたら恥ずかしいと、落ち着かない心を隠すようにしていました。

あるとき勇気を出して、そんな心の状態を口に出してみました。そうしたら反対に落ち着くことができました。人に知られたくない、よく思われたいと思うのがいけなかったのだなあと悟りました。こういう性格はなかなか直りませんが、まわりに迷惑をかけないように素直に自分の心を伝えるようにしています。

事前の準備を重ねて臨んだ講演がうまくいったときは、まさに**「胸をなでおろす」**思いです。「ホッとした」「安心した」と同じ意味ですが、上から下へ向けて胸をなでている情景が浮かぶと、いかにも重たかった思いが下りたという感じがして、リアルな表現だと思います。

これと似ているのが、**「胸のつかえが下りる」**という言い方。気がかりだったことや、心配していたことがなくなったり終わったりして、心がスッキリしている状態です。

「大事なプレゼンが終わって、胸のつかえが下りた思いです」

と言うと実感がありますね。

けれど、今の私は、緊張するのもよいことだと考えています。緊張感はよい仕事をする起爆剤になると解釈しています。

シャンソン歌手の越路《こしじ》吹雪《ふぶき》さんは、トップスターになっても、舞台のソデで震えていたそうです。舞台に出ていくまで、ドレスの裾《すそ》が小刻みに揺れていたとか。

あれほどの大スターでさえ、緊張していたのです。ですから、私も緊張したときは、むしろよい仕事ができると自分に暗示をかけるようにしています。

そうして持てる力を尽くしてやりきったあとには、充実感で胸が満たされます。そんな瞬間は、まさに**「ひと息つく」**という感じです。「ひと息つく」は、一度息をつくこと、ひと休み、休憩という意味です。

「大仕事が終わって、ひと息ついたわ」

と言うと、達成感と安心感が、胸の奥から湧いてくるようです。

仕事を終えて家に帰って、夫とゆっくりお茶を飲むひとときは、私にとって本当に**心安らぐ**時間です。

コラム　「お目もじ」は「女房言葉」です

「女房言葉」とは、室町時代の初期の頃、御所や仙洞《せんとう》御所（上皇の御所）に仕《つか》える女房（宮中に部屋を賜《たまわ》って住んだ、身分の高い女官のこと）たちが使いはじめた一群の言葉をいいます。

男女の社会的立場を明らかにして、女性は男性と異なる存在であるという意識のもとに生み出された女性語です。

もとは、女房同士の隠語的なものでしたが、考えられるだけの一切の食事や調度につけられたものだったので、それが興味と関心を呼んだのか、江戸時代に入ってもつくられ続けました。

はじめは120語ほどだった女房言葉は、江戸時代には約500語になり、やがてその使われる範囲が、御所や仙洞御所から将軍家の奥向き（妻子の居所）や、諸大名の奥向き、さらに庶民の有産階級の家庭にまで広がっていきました。

それがしだいに、男性にも使われるようになっていったそうです。

現代でも使われている「女房言葉」をいくつか挙げます（カッコ内が一般的な呼び方です）。

◆つむり（頭）　◆料紙（用紙）　◆きぎす（雉《きじ》）　◆う（うなぎ）　◆かぶ（かぶら）
◆なす（なすび）　◆ささ（お酒）　◆かか（鰹《かつお》）　◆おこし（腰巻）　◆おさつ（さつまいも）
◆おつくり（お刺身）　◆おでん（でんがく）　◆おひや（水）
◆しゃもじ（杓子《しゃくし》）　◆おもじ（帯）　◆お目もじ（お目にかかる）
◆月の物（生理）　◆夜の物（夜着）　◆青物（野菜）
◆みずくき（筆）　◆たらちね（母）　◆あしびき（山鳥）

いかがでしょう。女性の想像力とセンスに感動しませんか。

今も新しい言葉は生まれていますが、こうした響きがよい言葉はありますでしょうか。聞いて心が豊かになるような、響きのよい言葉を使うようにしたいものです。

「母国語」という言葉があるように、言葉は母のもの、女性のものであるという意識を持ってください。

3章

「いつもの暮らし」をカラフルに彩る言葉

なにげない毎日も、言葉一つで、もっと輝きだす

何かをしてもらったとき、「ありがとう」とお礼を言うと、相手も笑顔になってくれますし、自分の心まで明るくなるように感じます。

食事のとき、「美味しいね！」「うん、美味しいね」と語り合うと、美味しさが10倍にもなったように感じますし、気分もますますハッピーになれます。


「のんびりしている人」を「**おおらかな人**」。

「時間をかけて頑張ったのね」を「**手間暇かけて、頑張ってくれたのね**」。

「性格」を「**人となり**」。

「一日中」を「**ひねもす**」。

こんなふうにちょっと言い換えるだけで、心に残る余韻が違うと思いませんか。

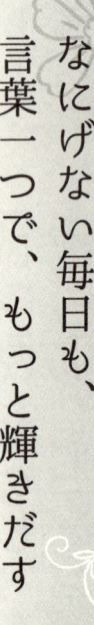

なにげない毎日も、言葉一つで、何倍も素敵な毎日になります。

ささいなことが気になったり、気分がトゲトゲしてしまったりしているときも、「おおらかに！　おおらかに！」と心の中で唱えれば、気持ちに余裕が生まれてきて、人に対しても優しく振る舞えます。

言葉には「言霊《ことだま》」という精霊が宿っているのですから。

そんな「言霊」のこもった言葉づかいのできる女性が、本物の美人なのではないでしょうか。

美人にふさわしい形容詞

しっとり……落ち着いていて、上品な趣

「あの方は、**しっとりとした**雰囲気で、大人の女という感じですね」。そんなふうに言われる人はきっと、上品で魅力的な女性でしょう。

静かに落ち着いていて、趣があるさまを「しっとり」といいます。美人にふさわしいほめ言葉ですね。

「しっとり」の反対は「がさつ」でしょうか。こんなふうに見られないためには、常にエレガントな動きを心がけるようにすればよいのです。

たとえば、コーヒーや紅茶をいただくとき。カップを持ったあと、カップの置いて

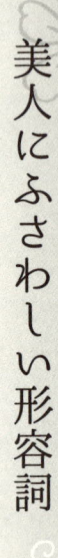

ある場所から、口まで一直線に持っていく方がいますが、それでは「がさつ」です。

まず、左手は軽くソーサーに添え、右手でカップの取っ手を持ちます。そして、カップを高く持ち上げずに、自分の体の正面に引き寄せます。それから、カップを上げて口まで持ってきて飲むのです。

カップを戻すときは、口元からテーブルの位置までカップを下げていき、それからソーサーに置くのです。

置くときは、恋人とデートしたあと、さよならをするときのような気持ちで置いてください。そうです、未練がましくソーサーに置き、そっと手を離すのです。そのようにすれば、決してガチャンと音が立つような乱暴な置き方にはなりません。

机の上に物を置くときも同じです。ポーンと投げ出すように置く人がいますが、それでは「がさつ」な印象を与えます。たとえば机にバッグを置くときは、一度両手で持ってから、片手ずつ離すようにすると、それだけでしっとりとした仕草になります。こうした動作をのんびりとするのでなく、てきぱきとすること。

動作がていねいなうえにスピーディーだと、「しっとりしている女性」と印象づけることができるのですから。

たおやか……柔軟さのある、芯のある女性にふさわしい言葉

たたずまいや動作が荒々しくなく、美しくしなやかな様子です。

「たおやか」の「たお」は、「たわむ」からきていますから、風が吹いてもしなって折れない柳《やなぎ》のような、芯のある女性に似合う言葉でしょう。

細く繊細そうだけれど、**折れそうで折れない、内なる強さ**を持っている人。ただ「優しい」「柔らかい」というだけでなく、場面や相手に合わせて、柔軟な対応のできる人。そんな「たおやか」な女性こそ本物の美人だと、日本人は考えたのですね。

小股の切れ上がった……脚の長いスタイルと、きりっとした性格

女性のすらっとした、脚の長い体つきを「粋なもの」としてたたえた表現です。

江戸時代に使われはじめた言葉のようなので、ただスタイルがよいだけでなく、情には厚《あつ》いけれどさばさばした性格で、きりっとしていて威勢のよいような、明るい女性にふさわしい形容でしょう。

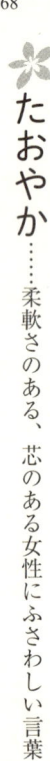

立てば芍薬《しゃくやく》座れば牡丹《ぼたん》、歩く姿は百合《ゆり》の花……花のように美しい人

欠点のない美しい女性を、花にたとえて賛美した言葉です。

芍薬と牡丹は同じボタン科なので、幾枚にも花びらの重なった大きな花を咲かせるところはよく似ていますが、芍薬は草で、牡丹は木です。そのため、芍薬はスラッと真っすぐに伸びた茎《くき》の先端に花をつけるのが、女性の立ち姿のように見えることから、こうたとえられたのでしょう。

牡丹は枝分かれした横向きの枝に花をつけるので、まるで座っているかのように見えるのです。眺めるときも、座ったほうがきれいに見えます。

百合は、先の二つの花より、清楚《せいそ》な雰囲気のある花です。たしかに、茎の先にうつむくように花を咲かせるのが、歩いている女性の横顔を思わせるものがあります。風を受けて揺れる姿も、美しい女性を連想させられます。

女性の笑顔について、**「花のように笑う」**と描写することがありますが、これも素敵ですね。

かんばせ……表情まで魅力的な人に

顔つき、容貌《ようぼう》のことを、大和言葉では「かんばせ」と言います。「**花のかんばせ**」というと、まるで花のように美しい顔立ちだ、という賛美の表現になります。

「かんばせ」の「ばせ」は「馳せ」で、走る・動くという意味。「かんばせ」「心ばせ」というと、顔や心の〝ちょっとした動き〟というニュアンスが含まれます。

ですから、「かんばせが美しい人」というと、顔立ちについてだけでなく、**ふとした瞬間の表情**が生き生きとしていて、相手の心を惹きつけるような人にふさわしいと感じます。

きらきらしい……まばゆいまでに素敵な様子

まるで輝いているかのように、まぶしく感じるほどに美しい、という賞賛の形容詞です。私は年末のパーティーの多い季節に、ドレスアップして街を歩く素敵な女性とすれ違うと、「きらきらしい女性が街にあふれて、心まで華やぐわ」と感じます。

おちょぼ口《ぐち》……かわいらしい小さな口元

小さくつぼんだかわいらしい口元を、「おちょぼ口」といいます。「ちょぼ」は「小さい」という意味です。日本人には古来より、小さいものを特別にいとおしいととらえる感性があるようです。私は「おちょぼ口」と聞くと、頬の赤い少女の、気取ってすぼめた口元を思い浮かべます。

みどりの黒髪……女性の輝く髪をたたえて

女性の美しいツヤのある黒髪をほめるときに、「みどりの黒髪が、風になびいていますね」と言いますね。

なぜ「みどり」なのかと疑問に思いますが、「みどり」はもともと、色の緑のことでなく、「みずみずしい」「新しい」ものを意味していたそうです。たとえば、生まれたばかりの赤ちゃんのことを「みどりご」といいますよね。

ですから、「みどりの黒髪」も、若い女性の髪の雰囲気に似合う言葉でしょう。

ろうたけた……経験を重ねた女性の、心惹かれる様子

「みどりの」と対照的に、ある程度年齢を重ねた、大人の女性をたたえるのにふさわしい言葉が、「ろうたけた」です。

漢字では「臈長けた」と書き、「臈《ろう》」は年功を積むことを意味します。もともとは仏教語で、僧が受戒《じゆかい》のあとに修行を積んだ年数のことを「臈」といいました。この「臈」が多いほど、徳の高い僧とされたのです。

そこから、「臈長けた」で、**経験を重ね、熟成された素晴らしいものを持っている、**という意味合いになったのですね。それが今では、洗練されていて上品な女性をほめるときに使われるようになりました。

自立した、奥深い美しさを持った女性にしっくりくるほめ言葉だと思います。

長い年月をていねいに生き、さまざまな人生の経験を積んだからこそ身につけられた、落ち着いていて心惹かれる面差《おもざ》しや立ち居振る舞い。いつか、そんなろうたけた女性になりたいですね。

しゃんとしている……背筋が伸びてしっかりしている感じ

「いつも、あの方はしゃんとしていますね」「おばあさまのしゃんとしたところを見習いたいです」――そんなときに言う「しゃんとしている」とは、姿勢や態度がパリッと凜々《りり》しく、元気な様子を表わしています。私自身も、いつまでも背筋も伸ばして、しゃんとした女性でいたいものです。

秋波《しゅうは》を送る……媚《こ》びを含んだ、色っぽい目つき

美人の涼しげな目元のことを「秋波」といいます。美人の目の動きを、**秋の澄みきった水面に寄せる波**にたとえたのは、面白いですね。

ですが同時に、「秋波」は媚びを表わす目つき、流し目のことも意味します。ですから「秋波を送る」というのは、色目をつかって異性の関心をひこうとする様子なのですね。色目をつかう女性より、はつらつとした爽《さわ》やかな女性のほうが素敵ですね。

奥ゆかしい、色っぽい言葉

ほんのり……色・味・匂いが、はっきりとはせず、かすかな様子

色がほどよく薄くて、わずかに感じられるさまを、「ほんのり」と表わします。会話の中で、思いもよらず自分のことをほめられると、**頬がほんのり赤くなる**方がいます。とても正直で、なんだか好感が持てますね。

私もその昔は、ちょっとほめられたり、好きな人のことを話したりしているときに自分の顔が赤らむのを感じたものです。当時は、それが恥ずかしくて嫌だったのですが、歳をとるにつれ赤くなることがなくなってしまい、今や、あの頃の自分がいとおしくさえなります。歳を重ねると、心に厚着をさせてしまい、初々しさがなくなるの

でしょうか。いつまでも、ドキドキ・ワクワクと、ときめいていたいものです。

味や香りにも、この「ほんのり」は使えます。

友人に、お酒が好きでふだんあまり甘い物を食べない人がいます。京都の哲学の道にあるお店で、その友人と一緒にお汁粉を食べていたとき、私が、「甘くないですか」と心配して尋ねると、

「いいえ、**ほんのり甘く**、お菓子の甘さと違って美味しくいただけます」

と返され、「ああよかった」と安心したものです。

お客様が我が家にいらっしゃるとき、気をつかうのが香りです。

香りも好き嫌いがあるので、お客様がいらしたときに**ほんのりと薫る**ように、数時間前からお香をたくよう気をつかっています。好きなお香は、京都の松栄堂《しょうえいどう》というお店の「堀川」です。

お客様が玄関の扉を開けたとき、ほんのりと白檀《びゃくだん》の香りで家が満たされているのが、私流のおもてなしです。

たたずまい……かもし出す雰囲気から、生き方そのものまで

「たたずまいの美しい人」と聞くと、ただ外見が美しいだけでなく、物腰、その人から発せられている空気感までもが、特別に優れている人という印象を受けます。「たたずまい」は、その人のかもし出す雰囲気のみならず、生き方、暮らし方をも表わすような言葉だと思います。

友人や恋人と待ち合わせをしているとき、自分がどのような「たたずまい」をしているか、少し気をつけてみてはいかがでしょうか。

街で、素敵なたたずまいをしている女性を見かけると、あの方のパートナーは、どのような方なのかしら、とつい想像してしまいます。よい女性の陰には、よいパートナーありです。

たたずまいを美しくするには、まずは姿勢から。

足を踵《かかと》からつま先まできちんとそろえて、地面につけてください。親指の付け根と、

土踏まず、臍下丹田《せいかたんでん》（おへその下3センチ）のところに重心をおきます。

人を待つときには、バッグは、体の前で両手で持って立ったほうがよいでしょう。だらっと下げるのでなく、おへその下あたりに両手がくるように軽く持ってください。鏡で確認するとよくわかるのですが、たったこれだけで、とてもエレガントに見えます。


「家のたたずまい」も大切です。チリや落ち葉がたくさん落ちていたら、家の前を通りかかった人は、どう感じるでしょうか。

家も人と同じで、見た目で判断されることが多いのですから、家の中だけでなく、家の外、まわりのお掃除もきちんとしておきたいものです。

マンションでも、共有スペースは私のものではない、と考えずに、ちょっとでもチリがあったら自分で拾うという気持ちが大事だと思います。

使ってみると、優しい気持ちになる表現

おおらか……小さなことにこだわらない、ゆったりとした人柄

「多らか・大らか」と書きます。ゆったりとしてセコセコしない様子です。

「**おおらかな人**」というと、明るくてほがらかで、小さなことにこだわらず、物腰の柔らかい人のイメージが浮かびます。

私の大好きな友人たちの共通点は、まさに「おおらか」であることです。どんなときも前向きで、ものごとをよい方向に考え、決して他人を悪く言うことがありません。

おおらかな人は、いつも笑顔です。アメリカ・カリフォルニア大学で教鞭をとっていたポール・エクマン教授は、「笑顔は脳を活性化する」と言っています。

目のまわりの筋肉と頬の筋肉、これを同時に動かすと、脳が活性化してボケないのだそうです。ということは、心に悩みがあるときほど、笑顔ですごしたほうが元気になれるのですね。

最近は、何かと「私が、私が」と主張したがる人が多く、人と競争したがり、自分さえよければと考えている人が多いように思います。

競争は、人とでなく、自分としたいものですね。昨日の自分より、今日の自分、明日の自分がよりよくなるように努力すること、それが心を磨くことにつながります。

ちょっと難しい言い方ですが、自分自身の生き方がしっかりしている人、信念を持って生きている人を**「心星《しんぼし》のある人」**といいます。心星とは、夜空の星の中で不動の星、北極星のこと。

人の顔色ばかり見ていると心が定まらず、つい人の言動に左右されてしまいがち。しっかりした生き方をして、私もいつか「心星のある人」と言われるようになりたいと思っています。

塩梅《あんばい》……日本人らしい、言葉にしづらい「ほどあい」

ものごとのほどあい、具合を表わす優しい言葉です。

もともとは「塩」と「梅酢」でほどよく調理の味加減を調《ととの》えたことから転じて、ものごとの加減を表わすようになりました。

「いい塩梅に、ごはんが炊《た》けましたよ」

と言われると、水加減・火加減がちょうどよく美味しいごはんが炊けたところが、目に浮かぶようですね。


ものごとをほどよく並べたり、ほどよく処理したりするときにも使うので、たとえばスピーチや仕事のプレゼンなどの場面でも、わかりやすくまとまったお話をされた方に、

「**材料をうまく塩梅して**話されましたね」

とか、仕事の手順が見事な人には、

「**よい塩梅に仕事の段どりを考えられて、**素晴らしいですね」

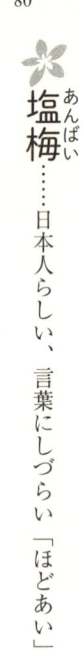

などと言うと、こちらの素直な感動ぶりが、相手に気持ちよく伝わります。

また、「体の具合」を表わすときにも、この「塩梅」は便利に使えます。

「どうも塩梅が悪いようで、横になっています」

こう話すと、「体調が優れない」「調子が出ない」「具合が悪い」と言うよりも、ストレートでなく、マイルドに聞こえるような気がしませんか。

ほんの少しの言葉の違いで、優しい雰囲気が漂うのですから、面白いですね。

こうした、絶妙な「力加減」「体の加減」「バランスの加減」というのは、なかなか表現するのが難しいのですが、「塩梅」という言葉なら、上手に表わしてくれるように思います。

“絶妙な感覚”を表わす

出ず入《い》らず……バランスがとれていて、ちょうどよいこと

人に会うとき、何か大事な場に出かけるときの服装には、いつもよりちょっと気をつかいます。身だしなみは、「相手を大切に思っています」という表現です。相手を立てるのなら、こちらがきちんとしていなければなりません。

私は若いとき、出かける前に、母に服装のチェックをお願いしていたものでした。そしてOKのときには、「そうね、**出ず入らずでいいわね**」と言われたものです。母のその言葉で、安心して出かけられたことを思い出します。

母が言っていた「出ず入らず」とは、出すぎることも、引っ込みすぎることもなく、

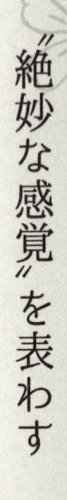

適度な状態のこと。

「出ず入らずの挨拶」「出ず入らずの装い」と、ものごとが過剰だったり足りていなかったりすることがなく、ほどよい様子を指します。

この「出ず入らず」という言葉は、人とのおつきあいのコツを表わしているようにも思います。私が私が、と出しゃばりすぎず、かといって控えめにもなりすぎずに、その場にふさわしい態度や装いを心がけると、おつきあいはスムーズにいくものです。

Memo

「おかげさまで」というひと言には、「あなたのおかげで」という意味だけでなく、神仏や先祖の霊など、自分を守り助けてくれているすべてのものへの感謝の心も込められています。

持ち重り……何かを持ったときに感じる、意外な重たさ

暮らしの中で、何かをひょいっと持ったとき、それが意外と重かった——そんな瞬間、どのような言葉が口を出ますか？「わぁ！　重たッ」でしょうか。

そうした状態を表わす、「持ち重り」という言葉があります。「この荷物、**持ち重りするわね**」と、軽そうに見えた荷物を持ったら意外と重かったときなどに使います。

また、それを持っているうちに、しだいに重く感じるようになったことについても、「持ち重りする」といいます。

持ち重りのすることって、物だけでなく、人生の中の出来事にも意外とあるような気がします。

たとえば私は10年前に、多くの子供たちにお互いを大切に思いやる心の種をまくことができたらと考えて、「ＮＰＯマナー教育サポート協会」をつくりました。すると、もう一度しっかりマナーを勉強して、子供たちに伝えたいという心ある方々が加わってくださり、今では70名もの講師を抱える団体になりました。

このＮＰＯを立ち上げたときは、「子供たちのために」という思いからでしたが、今になってみると、参画してくださった多くの講師の方たち一人ひとりにも責任を持たなければいけないので、うれしいような気の引き締まるような、**人生の「持ち重り」**を感じています。

私の憧れた女性に、作家の向田邦子《むこうだくにこ》さんがいます。向田さんのお母様が初めての海外旅行に出かけるときに、見送りに行った空港で、

「どうか、飛行機が落ちないでください。どうしても落ちるのだったら帰りにしてください」

と向田さんが祈ったというエッセイを読んだことがあります。

お母様の初めての海外への旅が、思い出深い時間になりますように、と願った向田さんが、その後、台湾に向かう飛行機事故で亡くなられたのも、私にとって非常に人生の「持ち重り」を感じさせる出来事でした。

日常が〝ちょっと素敵〟に聞こえる

手間暇かける……丹念に、愛情を込めて作業する

「**手間暇かけて……**」は労力と時間を惜しまずに、何かに取り組むこと。それも、簡単なものでなく、「わぁ！」という感動を呼ぶための作業を指すように思います。「手間暇」という言葉には、**苦労して何かをつくった人に対する、賛美の思い**が込められているようです。

私の知り合いが、山口県で一人暮らしをしている母親を喜ばせたいと、退職後、自力でログハウスを建てています。完成までに7、8年かかるようです。在職中からログハウスの材料を買い集めて、もうつくるしかないと自分を追い込んだそうです。ま

さに、手間暇かけてつくり上げているログハウスです。完成し、息子さんと一緒に寝泊まりすることを、お母様もきっと楽しみにされていることでしょう。

誰かが、自分のために、マフラーを編んでくださった。自分のために、一生懸命お料理をつくってくださった。みな、手間暇かけて何かをしてくださったのですから、本当にありがたく、感謝ですね。

仮に80歳まで生きるとして、私たちの一生を延べ日数に換算すると、約3万日になります。手間暇かけるということは、その人の人生の3万日の中から、大切な時間を削って何かをするということなのです。

また、相手がこちらのニーズに応えようと、一生懸命、ていねいな仕事をしてくださったときには、感謝の気持ちと申し訳なく思う心持ちを伝えるために、

「**お手間をとらせて**申し訳ありません」

「**お手間をおかけしまして**、ありがとうございます」

と言うと、ただの「申し訳ありません」や「ありがとうございます」よりも、相手の時間と苦労に寄り添った印象が伝わるように思います。

くすぐる……笑顔を招くような、不思議な心地よさ

ちょっとした仕草や言葉で、人の心をなごませる人がいます。ゲラゲラという大きな笑いではなく、話しているとクシュと笑顔になるような笑いで、心を明るくしてくれる人です。そんな人に「彼は、**人をくすぐるのが上手**で、一緒にいるとなんだか、楽しくなりますすね」と言います。

「くすぐる」とは本来は、わきの下のような体の急所を刺激して、ムズムズと笑い出したくなる感じにさせることですが、その他にも、相手の心に働きかけて〝いい気分〟をもたらす、という意味もあります。

たとえば、「彼のバイオリンの音色は、聴いている人の心を優しくくすぐって、夢の世界へといざなってくれるようですね」と言うと、五感を使ったユニークな表現になります。「心を落ち着かせる」と言うより、「心を優しくくすぐる」と言うほうが、その場に居合わせなかった人にも想像力がふくらんで楽しいでしょう。

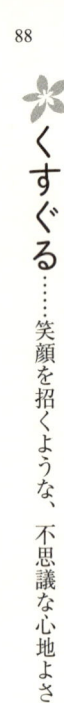

うとうとする……浅い眠りに入りかけるさま

眠りかける様子を、「うとうと」「うつらうつら」などといいます。

私は会議や研修などでうとうとしている人を見ると、どうしてこんなときに眠たくなるのかしら、真剣さが足りないのでは、と思っていました。

そんなふうに居眠りをしている人の様子を、「**舟をこぐ**」ともいいますね。座ったままで前後に体を揺らすのが、舟をこいでいる様子に似ているところからきているそうです。そう想像すると、なんだか可笑《おか》しいですね。

けれど、近頃は私自身、新幹線での移動中、**ついうとうとする**ようになってしまいました。人間ですから、誰しも眠たくなるときもあります。上司や先輩と出かける乗り物の中でうとうとしてしまったら、ごまかさずに、「うとうとしてしまい、失礼しました」と素直に言ってしまったほうが、好感を持たれますよ。

眠たくなるといえば、昼食のあとの座学ですね。私がそんな時間帯に講師をするときは、まず「午後はつらいですね。私たちの体は、お腹の皮が出っ張ると、目の皮がゆるむようにできているそうですよ」と話すようにしています。

時間の経つのがいとおしくなる

いましがた……「ついさっき」「ちょっと前」のニュアンスを柔らかに

「さっき」や「少し前」という時間の感覚を、より粋に、ちょっと古風にいうと、「いましがた」となります。

「○○ちゃん、いるかい?」
「ここにいたんだけど、**いましがた、どこかに行っちまったよ**」
というやりとりは、落語の噺《はなし》ではよく聞きますね。落語は聞いているだけで日本語のいい勉強になるので、おすすめです。

「私どもの所長は、まだ、そちらにおりますでしょうか」

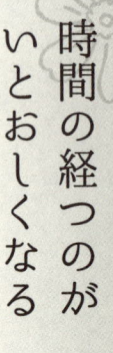

というお取引先からの電話での問い合わせに、

「先ほど、お帰りになりました」

と答えるのと、

「いましがた、お帰りになりました」

と言うのとでは、相手が受け取るニュアンスはどう変わりますか。

私は「いましがた」のほうに、電話に出た方が、こちらの所長や会社のことを大切に考えてくれている気持ちを感じてうれしくなります。

Memo

つい口にしてしまいがちな、「忙しい」というひと言。けれど、「忙」は「心」を「亡くす」と書きますから、他人に気軽に「お忙しそうですね」と言うのも、少し考えものです。

たとえば、目上の方に話しかけるときは、「お忙しいところに失礼します」ではなく、「ご多用《たよう》のところ失礼します」と言ったほうが、「ご用の多い中、お時間を頂戴して恐縮ですが」という思いも込められるので、よりよいでしょう。

ひととき……心が豊かになった〝幸せな数時間〟

「ひととき」は、響きのよい言葉ですね。なぜなら、嫌な思いをした時間を指して、「ひととき」とは決して言わないように思いますから。

たとえば、高層階の素晴らしい眺めのレストランで、美味しい食事をご馳走になりました。後日、その方にお礼を言うとき。

「先日は素敵なお時間を、ありがとうございました」

「先日は**素敵なひとときを**、ありがとうございました」

後者のように「ひととき」を使うと、言葉にし尽くせないうれしさ、楽しさ、相手への感謝の思いまでが伝えられるようです。

ご招待したお得意様から、

「先日は、ご馳走になりましてありがとうございました」

と言われたときは、

「**いいえ、こちらこそ、楽しいひとときをご一緒させていただいて**ありがとうございました」

と返したらいかがでしょうか。

このとき、間違っても「はい、こちらこそ……」と返してはいけません。「はい」と返すと、相手の「ありがとう」を「それはそうでしょう」と偉そうに受け止めることになってしまいます。

「いいえ、ありがとうなんてとんでもございません」という思いを込めて「いいえ、こちらこそ」とお答えするのが気持ちのいい対応です。

もう一つ気をつけたいのは、「ひととき」はあまり長い時間を指して使わないということ。

たとえば何日間かにわたって一緒に旅行した方には「楽しい旅をご一緒させていただいて」と言うのがふさわしく、「楽しい旅のひととき」とは言いません。

「ひととき」は、せいぜい、一日のうちの数時間を指して使う言葉でしょう。

ひねもす……「のんびりとした一日」にぴったり

「ひねもす」は古風な表現で、「一日中、朝から晩まで」という意味です。

漢字では「終日」と書きますが、「ひねもす」という語感からは、そこはかとなくのんびりとした雰囲気が漂ってくるようです。

「今日はひねもす、本を読んですごしていました」

と言うと、

「今日は一日、本を読んでいました」

と言うより情緒があり、さぞかし穏やかなよい一日だったんだろうなあ、という余韻も感じさせます。


私の好きな与謝蕪村《よさぶそん》の俳句に、**「春の海 ひねもすのたり のたりかな」**というものがあります。うららかな春の日の海は、波もゆるやかで、一日中のんびりとした風情だよ、という平和な情景が、目に浮かんできますね。

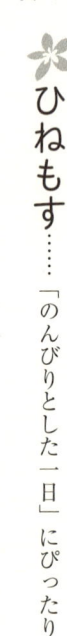

朝な夕な……朝となく夜となく、いつも

朝にも晩にも、というところから、「いつも」「常に」というニュアンスが込められている「朝な夕な」。

月並みな「朝も夜も」「一日中」よりも、しっとりとした語感があって、どこか女性らしい雰囲気が漂う言葉です。

「**朝な夕なに**、あなたにいただいたお花を眺めては、うっとりしています」――そんなふうに、ロマンティックな場面で使いたいものですね。

Memo

おめでたいものとして、慶事などに使われる「松竹梅」がありますね。松は、冬でも枯れないことから、不老長寿の象徴とされています。竹は、まっすぐと天へ向かって育ち、その成長が早いことから、出世の象徴とされています。梅は、凍えそうな冬に花をつけることから、忍耐の象徴とされているのです。

お天気の移ろいを楽しむ

日和《ひより》……「洗濯日和」「行楽日和」、今日は何に向いている日？

お天気や空模様のことを指して、「日和」といいます。特に、晴れて気持ちのいい日のこと、何かをするのにうってつけの日のことを指します。

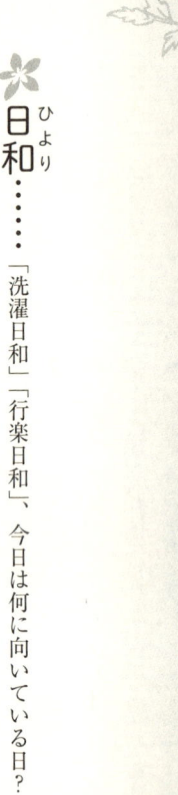

美空《みそら》ひばりの名曲に、『日和下駄』という歌がありました。今でも口ずさんでしまう楽しい歌です。

「日和下駄」とは、晴天の日にはく歯の低い下駄のこと。気持ちのよい晴天の日は、それだけで心が軽くなり、まして会いたかった人に会えるのだったら、余計に心がウキウキと弾むことでしょう。カラコロという下駄の音が、その気持ちを加速してくれる気がします。

私の中では、「日和」は、なんだか心を明るくしてくれる言葉です。

朝、目が覚めたら、**「今日は、洗濯日和」**「今日は、行楽日和」「今日は、仕事日和」「今日は、勉強日和」など、何でもよいのでつぶやいて、「その絶好の一日だ！」ということにしてしまうのです。

一日のはじめに、「○○日和」を合い言葉に、言葉の力で、自分の心によい思いをさせると、元気もやる気も出てきますよ。

また「日和」は、空模様を指したことから転じて、ものごとの雲行きを表わすこともあります。「あの人は日和見主義だ」と言うと、状況しだいで言うことや態度が変わるというニュアンスになるので、ちょっと悪口の匂いがしてきますね。

たそがれ……黄金色に空が輝く、一日の終焉《しゅうえん》

一日の終わり、夕暮れが夜のとばりを下ろしはじめる「**たそがれどき**」の略です。漢字で「黄昏」と書くと、空のグラデーションの色合いが見えるようです。夕日が落ちて雲や空、建物や人の顔まで茜《あかね》色に染まっていきます。茜色から黄金色になり、一瞬輝いたと思うと、青い夜のとばりが下りてきます。

また、比喩《ひゆ》的に、**ものごとが終わりに近づき、衰えの見える頃**を指して「たそがれ」といいます。年齢的には私も、まさに人生のたそがれどきですが、人生をますます謳歌《おうか》させてもらっています。

詩人サミエル・ウルマンは『青春』という詩の中で、

「青春とは人生のある時期を言うのでなく心の様相を言うのだ。（中略）年を重ねただけでは人は老いない。理想を失うとき、初めて老いがくる。（中略）年は七十であろうと十六であろうと、その胸中に抱き得るものは何か」

と語っています。幕末の志士・高杉晋作《たかすぎしんさく》も「おもしろきこともなき世をおもしろくすみなすものは心なりけり」と言っています。

夕涼み……日本人ならではの「涼」のとり方

夏の夕方、屋外または縁側などに出て涼むこと。

近頃の家には縁側も見かけなくなってきました。かつてはご近所の人が、縁側に集まって花火をしたり、おしゃべりしたりしていたものですが、今もそのような環境にある方がいらしたら、ぜひ大事にしていただきたいです。

最近は猛暑続きでクーラーが欠かせないので、一日中家の中にいて自然の風にあたる機会もなかなかありません。夕涼みのあのなんとも言えず、ホッとする風の爽やかさを知らない方も多いのではないでしょうか。

近頃、線香花火が流行しているようです。大きな花火も、ドーンと打ち上げたときの大きな音と美しさが楽しいですが、線香花火の繊細な光や形には、いつの時代もなんだか胸がキュンとさせられます。自然の風にあたり、夏の星空を見上げて、家族や友達と線香花火を楽しみながら、**夕涼み**のよい時間をすごせたら素敵ですね。

人柄を表わす

打てば響く……〝心のキャッチボール〟が上手な人

鐘を打ったら音がすぐ鳴るように、何か話すと、反応がすぐに返ってくる人、こちらの意を理解してくれるような人のことを「打てば響く人」といいます。

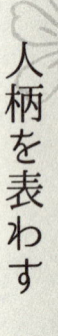

幼い頃、「人に呼ばれたら、**打てば響くような返事**をしなさい」と父によく言われたことを思い出します。一度自分の世界に没入してしまうと、名前を呼ばれたことさえ気がつかない私を、父は心配していたのでしょう。

「打てば響く」は、そんな会話のスムーズさだけではなく、人間関係の〝心のキャッチボール〟が理想的にできている状態ともいえます。初対面の方でも、打てば響くような方だと、昔からの知り合いのように会話も弾むものです。

そんな「打てば響く人」になるためには、心のアンテナを立てて、目くばり、気くばり、心くばりをすること。これは、勉強ができるできないという頭のよさとは関係ないように思います。

一方で、もともと自分は何かと察するのが上手で、打てば響くタイプだという人は、少し注意しなくてはならないことがあります。それは、相手にも同じように「打てば響く」を要求してはいけないということ。人間には、持って生まれた資質があります。相手のペースに合わせる寛容さと忍耐も必要です。

それからもう一つ、何でも「早いほうがよい」と考えないことも大事です。最近の子供たちは、友達からのラインやメールにすぐに返事をしなくてはと、片時もスマートフォンを離さずにいると聞いたことがあります。ラインやメールは「打てば響く」でなくてもよいのです。24時間内に返事をすればよいのではないでしょうか。相手にばかり気をつかって、自分の時間を大事にしないのはもったいない話です。

明朗闊達《かったつ》……小さなことにこだわらず、信頼のおける人

「明朗」は、明るくほがらかなこと。また、嘘やごまかしがなく明るいこと。「闊達」は度量が広く、ものごとにこだわらないこと。こせこせしないこと。**「明朗闊達」**というと、いかにも優しくおおらかで、人に隠し事をしない信頼できそうな人だという印象を受けます。

嘘やごまかしがないからこそ、屈託のない明るさで周囲に接することができるもの。周囲に対して虎視眈々《こしたんたん》としている（機会を狙って様子を窺《うかが》う）人は、いくら明るく取り繕《つくろ》っても、爽やかな印象は与えません。

また、「あの人と一緒にいると疲れる」というような過剰な明るさの人は、配慮や思いやりに欠けている人です。そういう人にならないように心がけたいものです。

小さなことにこだわらないようにするには、「もう一人の自分」の目を持って、目の前の問題を見極めるのが大事でしょう。

たとえば、背の高さは変えられないものなのだから、悩んでも仕方ありません。そ

ういう悩みが湧き起こったら、放っておいて忘れるのが一番。しばらくして、同じ悩みが頭をもたげたら、また、放っておけばいいのです。

もしくは、ストップウォッチを用意して29分間だけ、悩んでください。

なぜ29分間ですか、って?

人間は30分間メソメソ・クヨクヨすると、白血球の細菌を殺す力が20%減ってしまうそうです。もったいないでしょう。

29分間思い切り悩んだら、大きい声で「や～めた」と言ってみてください。

人との関係をやわらげる

心やすい……遠慮の要らない、打ち解けた関係

その人と一緒にいると安心していられる人、気が許せる人のことを「**心やすい人**」といいます。

たとえば、昔からの知り合いで、遠慮なく冗談や本音を言い合える人について「あの人とは、心やすく飲むことができる」。

気心が知れていて、お互いのことがよくわかっている親友について「**あなたとは、心やすく何でも話ができる**」。異性なら、そういう人を人生の伴侶《はんりょ》に選ぶのが一番よいのではないでしょうか。

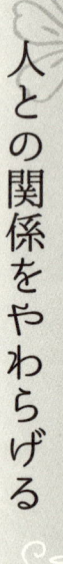

そんな心やすい関係の人が、たくさん身近にいてくれたらハッピーですね。

これと似た意味の言葉に**「気の置けない」**があります。すっかり打ち解けた、親密で気楽な間柄のことですね。この「気の置けない」を、誤って「気を許せない」「油断できない」という真逆のニュアンスで使っている人も多いようです。親しいからこそ、遠慮や気づかいの要らない関係を指すのが、正しいのですよ。

そうした関係を築くには、あれこれ考えずに、こちらから先に自分を開示するようにすればいいでしょう。

人を警戒せずに、誠実に向き合うこと。もし、相手にとって失礼なことをしてしまったら「ごめんなさい」と素直に謝ればよいのです。

今、一緒にいる人をいつも心から大切に思って、お話ししたり、接したりすればお互いの関係はきっとうまくいくでしょう。

そのためにも、こちらから積極的に心を開き、相手のよいところを見つけるようにしたいものです。

しっくりいかない……今ひとつ親しくなれない関係を、マイルドに

「しっくりいく」は、ものごとや人心がよく合うさま。折り合いのよいさまの表現です。

これを裏返して「しっくりいかない」というと、なんとなく居心地の悪い関係だったり、どうも思うようにならないところがある状態を指すことになります。

友人が先日、「娘との仲がどうも**しっくりいかなくて……**」とぼやいていました。具体的には「会話が弾まない」「今ひとつ、心を許し合えない」といった関係を、もう少しマイルドにぼかした表現のように思います。

人間同士には、相性というものがあります。

相性がよいことを「**馬が合う**」、相性が悪いことを「あの人とは、どうも馬が合わない」ともいいます。

なぜ「馬」なのかって？　乗り手が馬と一体にならないと、馬を上手に乗りこなすことはできないでしょう。ですから、「意気投合した」ときにも、「あの人とは馬が合

う」という表現をするのですね。

馬が合って親友になった二人が、海外旅行へ行ったら犬猿《けんえん》の仲になってしまったのを、何度も見てきました。

親しき仲にも礼儀あり。「心やすいは不和のもと」ということわざもあります。親しい関係だからこそ、思いやりの気持ちを持たないと、お互いに甘えが出て、ぶつかってしまいます。車に車間距離があるように、ちょうどよい〝人間距離〟を保つことも大事だと、私はつくづく思っています。

Memo

ほんのひと文字・ひと言の違いで、相手に与える印象も大きく変わります。たとえば、「これでいい」ではなく、「これがいい」とおっしゃってください。「これでいい」だと、妥協して仕方なく選んだというふうに聞こえます。「これがいい」と言うと、自分がそれを好んでいて望んでいる、という気持ちが伝わります。

折り合いがつく……歩み寄って、両者が納得するさま

交渉や話し合いの場面で、お互いに譲り合ったり、妥協できるところを見つけたりして、納得のいくようにすることを「折り合いをつける」といいます。

もめていた懸案《けんあん》がまとまったことを上司に報告するとき、次の二通りの、どちらがソフトな言い方でしょうか。

「部長、ご心配をおかけしました。妥協できました」

「部長、ご心配をおかけしました、**折り合いがつきました**」

後者ですよね。

「折り合い」という言葉には、**互いに歩み寄り、ちゃんと満足のいくように話をした、**というプラスのイメージがあるようです。そんなふうによい意味で折り合いがつけられる人が、上手な人間関係がつくれる人ではないかと思います。

「折り合いをつける」という言葉で思い出すのは、毎年11月の酉《とり》の日に、関東地方の鳥にまつわる寺社で開かれる「酉の市（お酉様）」です。そこでは、招福や商売繁盛

を祈願した縁起物の「熊手《くまで》」を売る露店が立ち並びます。

この熊手は、売り手の言い値で買うのでなく、買い手が値切りながら、売り手と折り合いをつけて買うならわしになっています。

ただ、その値切った分のお金を〝ご祝儀〟として置いてくるのが、粋な買い方とされているのです。つまり、最終的には当初の言い値の額を支払うわけですが、その一連の気《き》っ風《ぷ》のよいやりとりを楽しんでいるわけですね。

また、買い手は気前よくご祝儀を置いてくることで、お大尽《だいじん》になったような気分になれますし、売り手も儲かった気分を味わえて、うれしいというわけです。

売り手と買い手の「勝った」「負けた」というコミュニケーションを見ていると、なんだか心が弾むもの。お互いに愉快になるように、センスが要る掛け合いです。

そして見事「折り合いがつく」と、威勢よく手締めをして、来たる年の幸運を祈るのです。

おもてなしの言葉

お運び……「ようこそ」の思いに、より感謝を乗せる

目上の方への敬意を込めた「ウエルカム」の気持ちを、あなたは何と言いますか。

「ようこそいらっしゃいました」や「ようこそお越しくださいました」と言うよりも、**「ようこそ、お運びくださいまして、**ありがとう存じます」と言うと、一段とていねいな印象が残るでしょう。

「お運び」いただいたのは、もちろん足。そしてここまで足を運んでくださった労力、割いていただいた大切なお時間に対する感謝の思いが、「お運び」の言葉に凝縮されています。

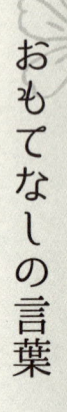

「ご足労《そくろう》いただきまして」も、意味としては同じですが、「お運び」のほうがずっと言葉も音も柔らかいですし、明るい印象がありますね。

お足元……相手の目線に立った、もてなしの言葉がけ

雨や雪が降っている日に、わざわざ出かけてきてくださった方には**「お足元の悪い中」**、お運びいただきまして」と言うと、ねぎらいの気持ちが伝わります。

単に、「雨の中」「お天気の悪い中」ではなく、そのために歩くのが大変だっただろう、という相手の労力を想像したからこそ生まれた言葉が、「お足元」なのです。

お見送りの際も、年配の方には**「お足元に気をつけてお帰りくださいませ」**とお声がけすると、雨の中を帰っていく気分も変わるかもしれません。

こうした「お運び」「お足元」といった言葉には、常に相手を慮って話そうとしてきた、日本人らしい心が感じられますね。

心置きなく……相手を〝ホッ〟と安心させられるひと言

「心置きなく」は、気兼ねせずに、遠慮せずに、心配せずに、といった意味のひと言です。

たとえば、休暇をとったら迷惑がかかるのではないかとモジモジしている後輩に**「心置きなく行ってらっしゃい」**と言葉をかけてあげると、後輩もホッとして、休み明けにはいっそう頑張ります、という気持ちになるでしょう。

また、自宅にお客様がいらしたときに、**「心置きなく、おくつろぎください」**と言うと、おもてなしの心が伝わるでしょう。

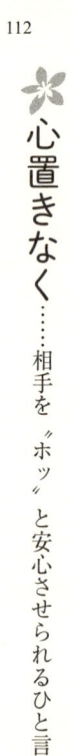

安心してね、大丈夫ですよ、リラックスしてね、という相手を包み込むような優しい思いが、「心置きなく」のひと言にこもっています。

「おもてなし」とは、「表がない」状態のこと――つまり、表裏なく接するということ。体裁でなく、今、目の前にいる人に向き合って、真心から接することです。この人にこうしたら好きになってもらえるかな？　という「色目」や、この人にこんな対応をしたら、まわりの人からはどのように思われるかな？　という「下心」で接するのは、体裁です。私がこの方だったらどんなことをされたらうれしいだろうか、安心するだろうかという思いやりの心で考え、応対することです。

そんな素晴らしい「おもてなしの心」で、20年来、私や家族を楽しませてくれるレストランがあります。料金と人数と、どのような人と一緒に行くかを伝えて予約するのですが、いつも素晴らしい工夫をしてくれます。

そのレストランでは、お客様にお出しした料理を記録しておいて、次に来店されたときには、同じものを出さないように配慮しているそうです。

コースの最後のオムライスは、そのレストランの名物なので毎回出してくれますが、前菜やメインのお料理は毎回違うものを出してくれるので、20年通っても飽きることはありません。

一人で来られるお客様の中には、「いらっしゃい」でなく「お帰りなさい」で迎えられる方もいます。カウンターで、一人でも心置きなく、我が家の食卓のようにリラックスして、食事をされているのがわかります。

ちょっとだけ、いつもより気取ってみる

たしなむ……好んでいること、親しんでいることを上品に

あることに精を出して打ち込み、その道を極めている状態をたたえる言葉があります。「たしなむ」です。

「さすが、あのお方は、**茶道をたしなむ**だけあって、所作《しょさ》が美しいですね」と言うと、ただ茶道を習っているだけではなく、それをしっかりと自分のものにするまで極めていらっしゃる、という賛辞も織り込むことができるのです。

または、「好んで親しむ」というときにも使います。「お酒は、お好きですか」と聞

かれたら、「はい、お酒は、**たしなむ程度**です」と答えると、「お酒は好きで、ほどほどに飲みます」というニュアンスが、上品に伝わります。

茶道といえば、作家の宮沢賢治の血をひいている私の尊敬する方から、こんなお話を伺いました。

お寺での茶会で、ある家元がお濃茶《こいちゃ》を立てたとき、正客《しょうきゃく》（床の間に一番近い席に座る主賓《しゅひん》）の方が、そのお茶を全部飲み干してしまったそうです。お濃茶は本来、その場のお客全員で少しずつ飲みまわすものです。

飲み終わって、そのことに気がついた正客の方が「大変失礼しました、飲み干してしまいました」と詫びたそうです。するとお家元が、「ありがとうございます。そんなに美味しく思っていただけて光栄です。もう一杯いかがですか」とおっしゃったとか。

人生のたしなみを極めた方は、とっさの場面でも、相手に対して思いやりのある言葉づかい、行動ができるものなのだなあと、大変感動しました。

手なぐさみ……自分の趣味を、謙遜して言う

「手なぐさみ」は、手を動かして、なぐさみにするちょっとした趣味や遊びですが、それをしていると心がなごやかになること、心が晴れることを指します。「手遊び」「手すさび」ともいいます。たとえば、編み物や刺繍《ししゅう》、書道、絵を描くこと、文章を書くことなどでしょうか。自分の心を穏やかにしてくれるような趣味ですね。

それを、やや謙遜して話すときに「**ほんの手なぐさみ**」と言うのです。「ご趣味は？」と聞かれたときに、「**手すさびに、書を習っております**」と返すのも、謙虚な答え方です。

一方で、単純に手先で何かをもてあそんでいる状態をいうこともありますし、「ばくち」や「賭博《とばく》」の意味もあるのでご用心。

これは余談ですが、「手」は、接頭語として、状態を表わす語に冠すると、その語調を強める働きがあります。たとえば「堅い」を「手堅い」、「狭い」を「手狭」と言うと、よりその状態が強調されるのです。面白いですね。

慈しむ……特別に「大切にしている」こと・物・人

なんて響きのよい言葉でしょうか。「愛する」「好き」「かわいがる」「大切にする」「特別に思う」「かけがえなく思う」……そんなさまざまな愛情のニュアンスを、丸ごと込めて表現できるのが、「慈しむ」だと思います。

しかも、優しく繊細で、両手で包み込むような柔らかい印象を与える言葉です。愛ある言葉は、響きもよいようです。

「お母様は、光琳《こうりん》のお茶碗を**慈しんで**いらっしゃいます」

「お庭の草花を、夫は慈しんで育てています」

そこには、格別の愛情深さがあるのだと伝わってきますね。

「慈しむ」は、物にも人にも、使える言葉です。人に用いる場合、**目下の者や弱い者に向けた愛情**を表わします。

お孫さんをかわいがっている方には、「お孫さんをとても慈しんでいらっしゃるのですね」――そんな美しい表現ができたら、とても素敵ですね。

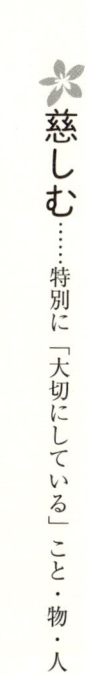

食事がますます美味しくなる

みずみずしい……新鮮で美しく、生気に満ちたさま

私が講師をしている接客の研修では、実際の場面を想定した話し方の練習をします。お客様役をもうけて、その人に対して商品の魅力をアピールして、「買いたい」という気持ちにさせるには、どう話したらよいかを考えるのです。

その際に私は、「**シズル感**」が大事ですよ、と伝えています。「シズル感」とは、**五感を刺激されるような感覚、臨場感**のことです。

たとえば、パンの美味しさをお客様にアピールするとき、「このパンは、美味しいですよ」と言うのと、「このパンは、外はサクッとした食感で、中はモチモチしてい

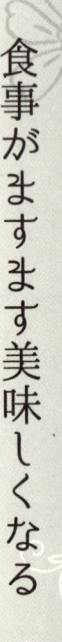

て、一度召し上がっていただくと、必ずファンになっていただけると思います」と言うのとでは、どちらが買いたい気持ちになるでしょうか。後者ですよね。

自分が話した言葉が相手に伝わったとき、想像しやすい、イメージしやすい、聞いた相手が絵に描けるような表現ができると、心が自然に動くと思います。

「みずみずしい」も、そんなシズル感のある大和言葉です。光沢があって生気に満ち、新鮮で美しいさまをいいます。

みずみずしい若葉――新緑の頃、林や森の中を歩いているときの、緑が若葉から滴《したた》り落ちてくるような、気持ちも潤ってくるような情景が浮かびます。「みずみずしい」は、そんな生まれたてのものや、若々しいものに使うのがぴったりです。

みずみずしい乙女――清潔感があって、明るく爽やかで、まぶしいくらい輝いて見える女性です。もちろん、お肌のお手入れも大事でしょうが、それだけでなく、心も磨きながら一所懸命生きている女性にふさわしいように思います。

みずみずしい感性――これには、年齢は関係ないですね。「一生青春」という考え方をしている人は、いつまでもフレッシュな感性でいられるでしょう。

まろやか……過不足のない、調和のとれた味わい

味などが、穏やかで理想的なときに使います。「このお茶は、**なんてまろやかで美味しい**のでしょうか」「この白和《しらあ》え、まろやかで美味しいです」――酢っぱすぎず、甘すぎず、しょっぱくなく、からくなく、なんとも**調和のとれた味**をこう表現します。「過不足なく」と言ってもいいのでしょうか。

お料理を口当たりも柔らかい、まろやかな味に仕立てるには、相当の訓練と経験が要るように思います。

また、形が丸いさまも指します。たとえば、柊《ひいらぎ》の葉はふつうはギザギザですが、年数を重ねると、ギザギザがとれてまろやかな葉になります。人間も年を重ねるほどに、柊の葉の角がとれるように、まろやかな性格になれたら理想的ですね。

昔読んだある本の中には、「歳をとると人間が丸くなるというけれど、あれは嘘だ。年を重ねると人間は短気になる」というようなことが書いてありました。う〜ん！歳をとるとわがままになるのでしょうか。まろやかな性格でいなくては、と自分を戒《いまし》めています。

えもいわれぬ……表現できないほどの素晴らしさ

とても美味しいご馳走を召し上がったとき、思わず、なんと言いますか？　「超美味しい！」「とんでもなく美味しい！」も、躍動感があっていいかもしれませんが、ちょっとかしこまった場面では、そうはいきません。

そこで、**「えもいわれぬ美味しさです」**ではいかがでしょう。

「えもいわれぬ」は、「言葉で表わしようがない」、つまり、それほど素晴らしいということ。本当に美味しいものをいただいたときって、口の中が幸福でいっぱいで、言葉にしきれなくて、まさにそんな気持ちになりますよね。いかにも舌の上でじんわりと味わって食べました、という実感も込められるようです。

もちろん、食べ物のことだけでなく、友人のウェディングドレス姿を見て、「えもいわれぬ美しさ」を感じたようなときも、うまく使ってみたいですね。

身だしなみに気をくばる

あかぬけている……洗練されていて、周囲をも幸せにすること

「素敵になった」「おしゃれになった」「きれいになった」と言うと月並みな感じですが、「**あかぬけた**」と言うと、その人の身だしなみが、グンとレベルアップした様子がイメージできます。**洗練された装いをして、着こなしている**印象です。

私がかつて、人に言われたくなかった言葉が、まさに「あかぬけないね」とか「野暮《やぼ》ったいね」でした。そこでしたのは、あかぬけている人の服装を真似すること。

「学ぶ」は「真似る」ことからはじめると、うまくいきます。

また、お世辞を言わない身内や親友にもアドバイスをもらっていました。「他人の

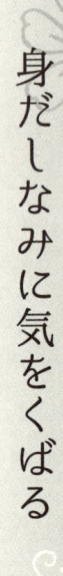

目」で見てもらうことが、あかぬけるためのポイントでしょう。

おめかし……非日常のための装いの、高揚感

若い時分、外出前に親から「今日は**おめかしをして**どこに行くの」と言われると、いつもより気合いの入った服装をしているのがわかるんだなあと、どうにも気恥ずかしい思いをしたものです。「今日は、**ふだんよりもおしゃれして**どこに行くの」という意味ですね。

自分で「今日は歌舞伎座に行くので、おめかししましょう」と言うと、特別な感じが生まれて、自ら素敵な一日を演出している気分になれます。

「おめかし」という言葉には、なんとなく心がウキウキ・ワクワクする高揚感が詰まっているようです。デートやパーティーといった大切なことのある日に、何を着ていこうかしら、靴はどれをはこうかしら、ネックレスは、イヤリングは……と考えておめかしをするのは、いくつになっても楽しいものです。

掃除、洗濯……家事が楽しくなる

ぱりっとした……洗濯物の、気持ちのよい感触

「ぱりっとした」という言葉から、何を思い浮かべますか。

私がイメージするのは、日光によくあてた洗濯物です。幼い頃は、母はたらいに水をはって、洗濯板を使って一枚一枚、ゴシゴシと洗濯していました。ずいぶん時間がかかったものです。何度も水を入れかえて、すすぎ洗いをして、たらいの水がきれいになったら、洗濯物をぎゅっと絞って干すのです。

今は、便利な世の中になったもので、洗濯機には乾燥機能もついています。

でも、青空の下で干した洗濯物の気持ちよさを知っている人は、これだけは自分で

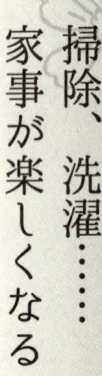

やりたい仕事だと思うのではないでしょうか。晴れた日にまぶしい光を浴びて、洗濯物を思い切りバサバサと振って、伸ばして干すのは、このうえなく楽しいものです。

そして、太陽の光をいっぱいに浴びた洗濯物を取り込むときの幸せな感触。生きている幸せを感じるひとときだと思います。お日様の偉大さを、手や頬で感じる時間です。

私の母は昼間は外に働きに出ていたので、「夜干しはいけないのよ」と言いながら、夜、洗濯物を物干し場に干しに行くことがありました。その母を手伝いながら、そばで見上げた星がきれいだったことも、懐かしい思い出です。そういえば、家にはお風呂がなかったので銭湯に行っていました。その行き帰りの道を、たわいもない話をしながら歩いたこともよい思い出です。

今考えると何かと不便な時代でしたが、そうした時間そのものが、親子の対話だったように思います。

端正《たんせい》……美しく整っていること

「端正な顔立ち」などとも言いますが、ものごとや姿が整っていて、乱れたところがなく、立派であることをいいます。顔つきだけでなく、部屋や家の状態にも使います。「部屋の乱れは、心の乱れ」といわれます。たしかに、きちんと整ったお部屋は気持ちがよく、空気まで澄んでいるようなよい〝気〟を感じさせます。ふき掃除をしたあとは特に、その場の〝気〟が清らかになったのが、よくわかります。

お掃除が行き届いた家は、玄関を入っただけでよくわかります。それが昔から、「玄関と水回りだけは毎日、お掃除をしなさい」といわれる所以《ゆえん》だと思います。

昔はお客様をお迎えするときは、お掃除が終わった証拠に玄関前に「打ち水」をしたものです。夏場の打ち水はすぐに蒸発してしまうので、お客様のお越しになる直前にしたものでした。打ち水も、お迎えする気持ちを表わすしるしの一つだったのです。

マンションなどで打ち水ができない方は、夏場であれば、涼しげなビー玉を入れたガラスの鉢を玄関先に置いて、代わりとするのはいかがでしょうか。

爽やか……すがすがしく、晴れ晴れとした気持ち

青空の下で洗濯物を干したあとや、お掃除をしたあとは、気持ちが「**爽やか**」になりますね。すがすがしく、心まで晴れ晴れとしてきます。これはお金で買えない、自分の体を動かしたあとでしか味わえない爽快感です。

ここで、ダイエットをしている人に耳寄りな情報を。ふき掃除は結構なダイエットになるそうです。窓ガラスや床を、ぞうきんを使ってゴシゴシふいていると、エネルギーを多く消費するそうです。お金がかからない一石二鳥のダイエット法だと思います。

また、「爽やか」は、人柄の賞賛の言葉としても使います。顔は生まれつきのもので変えられませんが、爽やかさは、顔の美醜ではありません。心からにじみ出る〝オーラ〟です。その人が何を考えて生きているのか、何を人生で大切にしているのかが、目に見えない雰囲気として、周囲に漂うのです。

人の悪口を言っている人には、爽やかさがないように思います。爽やかな印象を与える人は、誠実に、自分も周囲も大切にしている人なのでしょう。

電話の〝受け答え〟をスムーズにする

承《うけたまわ》りました……責任を持って、話を聞く姿勢が伝わる

何かを頼んだ相手に、「わかりました」と言われるのと、「**承りました**」と言われるのと、どちらに好感が持てますか。

「わかりました」は、単に相手の話を理解したというだけですが、「承りました」は、そこに「**私がお引き受けしました**」という意が加わります。相手の要望をしっかりと受け止め、自分が責任を持ちます、というニュアンスが伝わるのです。ですから、より相手が信頼をおける答え方なのですね。ビジネスの場では「**かしこまりました**」と言うと、より好感を持たれます。よく使われがちな「了解しました」は、本来、同僚

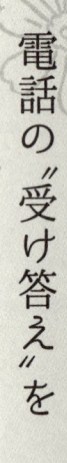

や目下の方への言葉なので、目上の方には使ってはいけませんよ。

差し支《つか》えなければ……配慮の思いが伝わる〝クッション言葉〟

「差し支えなければ」は〝クッション言葉〟の一つです。会話のあいだにはさみ込むと、話の印象を柔らかくしてくれる言葉です。

たとえば「お名前を教えていただけますか」とか、「念のために電話番号を教えていただけますか」という場面にはさみ込むといいでしょう。相手にとって大事な情報を伺うので、相手のことを慮って「差し支えなければ」と言うのですね。

クレームの対応で、まだ名前をお伺いしていないお客様に、**「差し支えなければ、お名前を教えていただけますか」**というように尋ねれば、ただ「お名前をお伺いします」と言うよりも、与える印象がよいでしょう。

同じような場面で「よろしければ」という言葉もありますが、「よろしければ」より「差し支えなければ」のほうが、改まった感じがして好感度が上がります。

申し伝えます……身内を立てずに、伝言を預かる

外からの電話で、あなたの身内や社内の人への伝言があったときには、「かしこまりました。**○○にそのように申し伝えます**」とお答えしましょう。

「かしこまりました。○○にそのようにお伝えします」と言う方もいらっしゃいますが、これは誤った敬語です。「お～する」は謙譲表現ですが、この場面では、伝言を伝える相手（あなた側の身内、社内の人）を立ててしまうことになるのです。社外の人より社内の人を立てては、いけませんね。

反対に、お得意様からの電話で、こちらに来社している、そのお得意様の社員の方に伝言を頼まれたときには、お得意様の社員を立てる意味で、「かしこまりました。**□□様にそのようにお伝えします**」とお答えしてよいのです。

「申し伝える」はウチの人に伝える言葉、「お伝えします」はソトの人に伝える言葉、と覚えておけばよいでしょう。

よしなに……控えめで優しい印象を与える「よろしく」

人に伝言をお願いしたとき、あなたはなんと言いますか。「よろしくお伝えくださ い」でしょうか。この「よろしく」と同じ意味で、より語感の柔らかい言葉として、**「よしなにお伝えください」**という言い方があります。

「よしなに」には、「よいように、うまい具合になるように」というニュアンスもあるので、相手のご都合のよいようにおまかせいたします、という控えめさがあります。

また、「よい具合に」「適当に」の意で、日本語特有の〝ぼかし言葉〟としても使えます。

たとえば、難しい内容の伝言を預かったようなときに、「うまく伝えておきます」と言うより、「よしなに申し伝えておきます」と言うほうが、言葉も柔らかいですし、配慮をしている心くばりがわかりますね。

学び・習い事（お稽古事）を極める

玄人《くろうと》・素人《しろうと》……その道を極めた人、まだ未熟な人

技芸などその道に熟達した人、専門家を「玄人」と呼びます。今どきなら「さすがプロは違うね」と言うところを、「さすが玄人は違うね」と言うのが、かつての粋な表現でした。

玄人の反対の「素人」は結構使われているのではないでしょうか。経験が浅く、未熟な人のことです。

たとえば、「ずいぶんお料理の腕を上げられましたね」などとほめられたとき、「い

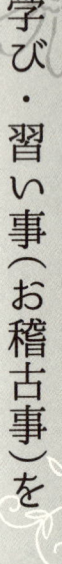

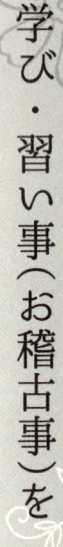

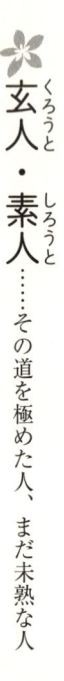

えいえ、まだまだ素人の域を出ていませんで、恥ずかしいです」などと謙遜するときに使われます。

ある商品や作品について「玄人受けだ」と言うのは、専門家やくわしい人からは熱烈に支持されるけれど、そうでない人にはちょっと魅力がわかりづらい、というときです。

どんな分野のものでも玄人になると、目のつけどころが変わり、より深く味わえるようになるのでしょう。

「玄人はだし」という言葉もあります。これは「玄人が裸足《はだし》で逃げ出す」という意味で、玄人が驚くほど、素人が技芸に優れていることをいいます。

「あの人の歌は、玄人はだしだね」というようにです。ただし、お師匠さんの前では、お稽古仲間をほめる言葉はつつしむのがたしなみです。

お師匠さん……「先生」と呼ぶより、敬意を込めて

今は、お稽古事の指導者を「先生」と呼ぶ方が多いのですが、何となく違和感があります。特に日本舞踊や茶道、武芸など、和の道の先生は「おっしょさん」（お師匠さん）と呼んでいただきたいところです。

私のマナー道の「おっしょさん」のお一人は、「小笠原礼法」をお教えいただいた小笠原清信先生です。

その清信先生が「礼法は家業である。職業にしてはいけない」とおっしゃったことがありました。その理由を伺いましたら、「礼法を職業にすると媚びるので、必ず他に仕事を持つように」というのが、小笠原家の家訓なのだと教えてくださいました。

お金を受け取ることで師範《しはん》などの免状を出すところが多い中、「礼法は、家の業《なりわい》として未来永劫《えいごう》伝え守っていかなくてはならないが、お金をもらうための職業にしない」というお考えを貫かれているというお話には、本当にびっくりしたものです。

お金のためにマナーの講師をするのでなく、マナーの奥深さを皆様にお伝えするた

めに活動していきたいと思うようになったのは、このお師匠さんのお導きのおかげと思っています。今与えられていることに、一所懸命真面目に取り組んでいけば、お金はあとからついてくる、といわれていますが、本当にその通りだと思います。

　あなたには、そんなふうに人生を導いてくださった大切な方はいらっしゃいますか。そんな方のことは、ぜひ敬意を込めて、「師匠」「お師匠さん」「お師匠様」とお呼びください。

Memo

　茶道では、「軽い物を持つときは重い物を持つように、重い物を持つときは、軽い物を持つように」といわれます。茶入れなどの軽い物も重々しく持てば、優雅に見え、大事に扱っているように感じさせます。また、茶釜などの重い物も、軽そうに持てば、周囲に気をつかわせません。

　日常の場面でも、大事な書類を軽そうにひらひらと持っている人を見ると、大丈夫かしらと心配になりますね。

お手合わせ……対戦相手への敬意と感謝を表わす

初めて勝負をすること、勝負で優劣を競うことを「お手合わせをする」といいます。最近はまた百人一首がブームだそうですが、百人一首をするとき、お相手に「いざ、勝負を願います！」と言うより、**「お手合わせお願いします」**と言うほうが優しく聞こえます。

相手の実力を認めているという敬意、そして自分と向き合ってもらうことへの感謝が、「お手合わせ」のひと言に込められているようです。

武道のお稽古をされている方たちは、今でも勝負をするときは「お手合わせ」とおっしゃっていると思います。

私が理事長をつとめているNPOマナー教育サポート協会の講師に、長刀《なぎなた》を習っている若い方がいます。その方が鉢巻きとたすき掛けをして「いざ、お手合わせ願います」と言っているところを想像すると、お顔立ちの美しさに、その凛々しさもあいまって、まるで美しい絵のような姿に違いないと、空想の世界で楽しませてもらっています。

かつてNHKの大河ドラマ『八重の桜』に主演した綾瀬はるかさんが、撮影で1年間、着物での生活をしていたら、姿勢がよくなったとおっしゃっていました。たしかに、和装は帯を巻くので、ごく自然に姿勢が矯正《きょうせい》されたのでしょう。

昔から日本人が、外国の方から「姿勢がよい、美しい」と言われたのは、着物の生活が大いに影響していたのかもしれませんね。

Memo

日本では戦国時代までは、武士はあぐらで座るのが作法でした。江戸時代の3代将軍・徳川家光《とくがわいえみつ》の治世の頃に、将軍の拝謁《はいえつ》に集まった大名全員が、将軍に向かって正座をするのが作法となったようです。

おさらい……「繰り返す」ことで身についていく

習ったことを繰り返し練習すること、また習得した技芸を発表することを「**おさらい**」といいます。

日本舞踊を習っていた頃、年に1回、その成果を大きな舞台で発表する「おさらい」がありました。また、夏には、少し簡単な発表会である「**ゆかたさらい**」を行なっていました。最近は「おさらい」というより「発表会」というのではないでしょうか。

人間、「知っている」のと「できる」のは違います。体で覚えなければ、「できた」とはいえません。踊りは何回繰り返したら体が覚えるかというと、300回といわれています。落語家さんの世界では、800回話さないと自分のものにならないといわれているそうです。

とにかく繰り返し練習、まさしく「おさらい」の繰り返しです。それも毎日、おさらいすることが大事なのです。踊りは、自己流で練習していると、ヘンな癖がつくことがあります。それを注意してくださるのがお師匠さんであり、兄弟子です。

マナーの世界でも、美しい所作を身につけるには、ふだんの行動から気をつけることが大切です。

たとえば、立ったあとで椅子をもとの位置に戻すこと一つとってもそうです。頭ではわかっていても、毎日の生活の中でしっかり実践していないと、急いでいるときなどは特に、次のことに頭が行ってしまい、つい忘れてしまいます。

毎日の生活の中で実践できている人は、いくら急いでいても体が覚えているので、意識せずとも自然に椅子をもとの位置に戻せるのです。

「お休みの日」を満喫する

そぞろ歩き……ぶらぶらと歩くことの、ゆるりとした楽しさ

週末の楽しみは何でしょうか。貴重なお休みの一日、家で寝てすごした日と、リフレッシュのために外で何かをしてすごした日では、翌日の元気も変わってくるようです。私は、ぶらぶらと散歩をするのが好きです。

歩くことは、とても健康にいいですし、リフレッシュに最適です。特に、知らない町の路地を歩くのが大好きです。

「そぞろ歩き」は、そんなふうに**気のおもむくままに、ぶらぶらと歩く**ことです。**「すずろ歩き」**ともいいます。自動車でも自転車でもなく、自分の体を動かして歩く

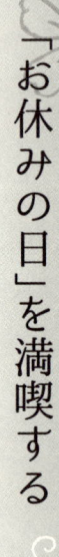

と、その道のりの景色が、不思議と心に強く残るように思います。

先日、青森にセミナーに行った際も、時間をつくって、ぶらぶらと町歩きの楽しい時間をすごしました。

知人が、青森にあるN社の支店長になったので、ひと目だけでもお会いしてご挨拶をできたらと思って連絡したところ、その日は出張のため不在ということでした。

残念でしたが、気持ちばかりのお土産を支店の受付に置いてこようと思い、交番で道を聞いたら、バスに乗って行ったほうがいいと言われましたが、歩いても20〜30分だということなので、歩くことにしたのです。

みちみち、八百屋さんの店先に並ぶ野菜や果物の値段などを見て歩くと、東京との物価の違いにいちいち驚きます。そんなふうに、気になったお店をのぞいたり、知らない景色に驚いたりしながら歩いていると、30分なんかあっという間で、楽しくて疲れもありません。

住まいの近くでも、ふだん通らない道がたくさんあるのではないでしょうか。知らない路地に入って町の風や香り、雰囲気を楽しむのもおすすめですよ。

道すがら……　〝道の途中〟で発見したことを伝える前置き

歩きながら・歩いているみちみち・道の途中で、といったニュアンスで、歩いている途中での出来事の前に置く言葉が「道すがら」です。

手紙の書き出しやメールの最後にも使える言葉ですね。「**道すがら見た梅の花**に、もうすぐそこまで来ている春を感じました」など。

私は、手紙の季節の挨拶は、紋切り型の定文では嫌で、なるべく自分の言葉で書きたいと思っています。

ですから、そのときどきの道すがらで、目や耳や心に入ってきたものを、できるだけ心に留めておくようにしています。そうすることで、自分だけのオリジナルな季節の挨拶ができるようになるのです。

近頃、歩きながら平気で物を食べている人をたまに見かけます。あれは、大変お行儀の悪いことです。昔はたとえお祭りの縁日でも、食べ物は買ったあと、どこかに座って食べていました。

食べながら歩くと、自分や人の服を汚したり、落として道を汚したりする恐れがあります。「ながら」で何かをしない、というのは、上品な女性でいるために心がけたいことですね。もちろん、昨今の「スマホ歩き」にも同じことが言えると思います。

Memo

お手紙では、相手側のこと（名前など）は、行末には書かないようにします。余白ができてしまっても、次の行に送りましょう。これと同様に、自分側のことは、行頭に書かないようにします。また、相手側の人名や会社名、お祝いの言葉などは、2行にまたいで書いてはいけません。

これらは、相手を立ててへりくだる気持ちを表わすための、手紙特有の決まり事です。

4章

手紙に書き添えたい〝ほんのり上品〟な言いまわし

季節感のある挨拶は、「たしなみ」を感じさせます

私は、手紙をいただくのが大好きです。特に、前文が素敵だと、もうそれだけでその人のことがますます好きになってしまうほどです。

中には、季節ならではの和歌を、必ず前文に書いてくださる長いおつきあいの先輩もいます。その方からお便りをいただくたびに、私もいつかそのようなたしなみのある人になりたいと切に思います。

紋切り型でなく、そして定例文ではなく、自分の言葉で素敵な季節の挨拶ができるといいですね。

「たしなみ」というとちょっと大げさかもしれませんが、たとえば夏だと前文に、「暑いですね」と書く人がいます。

「酷暑が続き、へばっております」
「猛暑続きの毎日ですが、いかがおすごしですか」

などですが、夏の暑さは誰でも感じていることなので、だからこそ、爽やかな気持ちになれるような季節の挨拶にしてみてはいかがでしょうか。

たとえば、夏ならではの涼を感じられる季節の挨拶もできます。

「モクモクと白く湧き上がる入道雲に、元気をもらっています。いかがおすごしでいらっしゃいますか」
「ひまわりの笑顔に今日も会えて、ハッピーと思いながら通勤路を歩いています」
「木陰に入ると、さっと涼風が吹き、ひんやりとした空気に包まれます。夏ならではの楽しみです」

暑い夏を楽しむ心があれば、こんな一文も自然に生まれてくるのではないでしょうか。

春夏秋冬の折々に、心豊かになる挨拶をできるようになりたいものですね。

春を感じさせてくれる、柔らかな言葉

こんな言葉を、春の手紙に書き加えることができたら素敵です。

◆水温《ぬる》む

春になると、気候が暖かくなるとともに、川や池の水も温かい感じになってきます。この様子を表わした春の季語が、「水温む」です。冬のあいだ眠っていた生き物たちも目を覚まし、穏やかな春の空気と水の中で、生き生きと動きはじめている光景が、目に浮かんでくるようです。そんな**春の到来への祝福感**が、この「水温む」のひと言に詰まっていますね。

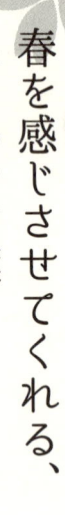

「袖ひちて むすびし水の こほれるを 春立つけふの 風やとくらむ」（紀貫之《きのつらゆき》）

夏の暑い日に、袖を濡らして手にすくった水が、冬のあいだは寒さで凍っていたのを、春のはじまる今日、暖かい春風が溶かしているのだろうか——紀貫之が立春の日に詠んだこの歌は、まさにそんな「水温む」春の訪れを見事に表わしています。

昔は春のはじまりの頃、水道の蛇口をひねって出てくる水に、温かさを感じる瞬間がありました。冬のあいだは、手が凍るのではないかと思うほど冷たい水が出てきましたから、その水が徐々に温くなってきたことに、春の訪れを実感したのです。

そんな春のはじまりの時期に出すお手紙に「**水温む季節となりました**」と書くと、春を迎える喜びまで、相手に届けられるようです。

◆卯《う》の花曇《はなぐも》り

卯の花は、旧暦の4月（現在の暦では、5月から6月頃）の「**卯月《うづき》」の頃に咲く**ことから、こう呼ばれるようになったとか。1センチほどの小さな花をたくさんつけている様子は、まるで清楚な少女のよう。山野に咲いているのを思いがけず見つけると、「小さな春が咲いているわ」と、幸福な気持ちにさせられます。

そして、この時期の曇りがちな空のことを「**卯の花曇り**」といいます。「卯の花曇りが続く、今日この頃でございますが……」などと手紙の季節の挨拶に使えそうですね。また、この時期、卯の花を腐らせるように降る長雨のことを「**卯の花腐《くた》し**」といいます。

豆腐をつくる過程で出る、しぼりかすの「おから」は、その見た目が似ていることから、卯の花とも呼びますね。そういえば、包丁で切らずに食べられることから、おからを「**雪花菜《きらず》**」とも呼ぶと知ったとき、なんて美しい言葉かしらと思いました。そんなふうに、食べ物を花に見立てて呼ぶのも、日本人の優雅な感性のたまものですね。

◆霞《かすみ》の衣《ころも》

春に霞がかかっている様子を衣に見立て、「霞の衣」と表現します。

「春の着る 霞の衣 ぬきをうすみ 山風にこそ 乱るべらなれ」(在原行平《ありわらのゆきひら》)

春が着る霞の衣は、横糸が薄いので、まるで山風に乱されているかのようだ、という歌です。霞がおぼろなグラデーションのようにかかっているのを、「衣の糸が薄い」と表現しているのが、なんとも優美です。

我が家の猫の額《ひたい》ほどの庭にも、3月から4月頃に霞がかかることがあります。**庭が霞の衣をまとった**のです。そんなときのお手紙には、「庭が霞の衣をまとっているのを見て、いよいよ春がそこに来ているのを感じて、ワクワクしております」と書いてしまいます。

◆風光る

春の陽光の中を、そよそよと風が吹き渡るさまを、「風光る」といいます。

私の好きな物の一つに、東京スカイツリーがあります。建設中の頃、よく乗る電車の車窓から、徐々に高さを増していくのを、我が子の誕生を待つように楽しみに眺めていたからかもしれません。そのスカイツリーが一番光り輝いて見えるのが、風光る頃のように思います。

風光る季節には、スカイツリーのあの色合いがよく似合います。電車が大きな川を渡るとき、大好きなスカイツリーと富士山が並んで見える瞬間があります。毎日見ていても飽きない、私の心を癒してくれる景色です。

のどかな春の日に、風に吹かれていると、なんでも許せそうな穏やかな気持ちになるのは、私だけでしょうか。時候の挨拶でも、**「風光るこの頃……」**とはじめるだけで、そんなおおらかな気分が伝わるようです。

◆うららか

空が晴れて、陽の光の明るく穏やかな様子を「うららか」といいます。春の柔らかな日差しには、「うららか」という言葉がまさにぴったりです。

「桜も美しく花開き、うららかな季節となりました」……こんな書き出しのお手紙をいただいたら、私は思わずニッコリとしてしまいそうです。

一日中ゆったりと、優しい日差しに浸っていたくなるような春の日は、気分もゆったりとして、「春よ万歳！」と心の中で叫びたくなりますね。

◆花明《はなあ》かり

桜が満開に咲いていると、夜の闇の中でも、そのあたりがほのかに明るく見えます。そんなとき、「桜」を「明かり」に見立てて、「花明かり」といいます。たしかに夜桜は、まるでお花が浮き上がっているかのように明るく感じられるときがありますね。

桜は昼と夜でまた、雰囲気の変わる不思議な花です。昼の桜は儚《はかな》い感じがして、ひらひらと舞い散っていく花びらに切なさを覚えますが、夜の桜はしっとりと艶《あで》やかで、ときに妖《あや》しい感じもします。

「先日は、夜桜を眺めに出かけました。**ほのかな花明かりの下**、桜の花を見上げ、思わずうっとりしてしまいました」

春の手紙にそんな一文を書けると、特別な春のひとときを満喫した感動が伝わることでしょう。

あなたは、お気に入りのお花見スポットはありますか。私は何といっても、皇居内堀の千鳥ヶ淵《ちどりがふち》の桜が日本一と思っています。昼もよいのですが、やはり夜の千鳥ヶ淵の桜が好きです。花のかもし出すオーラが、夜のほうが感じられるからかもしれません。鏡のようになったお濠の水面に、桜が照らし出されるように映っているのも、何とも言えず優美です。

そんな桜の樹ですが、抱きつくと木肌がざらざらしているのです。桜は、やはり少し遠くから見るのがよいのかもしれません。

春を楽しむ、素敵な挨拶

改まった手紙の、時候の挨拶　次の語句に「～の候」「～のみぎり」と続ける

3月……早春、春暖、春陽、浅春、春風、解氷
4月……春爛漫、陽春、桜花、清和、晩春
5月……薫風、新緑、若葉、余花、新茶、惜春

3月

○春とはいっても朝夕はまだまだ冷え込みますが、お元気でおすごしですか。
○桜のつぼみもふくらんで春の訪れを告げています。
○日増しに暖かくすごしやすい季節となりました。
○春の光に心誘われる今日この頃です。

4月

- 花冷えの日々が続いておりますが、いかがおすごしでしょうか。
- 希望にあふれる輝かしい春をお迎えのことと存じます。
- 花々の香り漂う季節となりました。
- 桜も美しく花開き、うららかな季節となりました。
- 春風に誘われて、つい外出の多くなるこの頃です。
- 優しい春風が、頬に心地よく感じられます。
- いつのまにか葉桜の季節となりました。

5月

- 澄み渡る5月の空が心地よいこの頃です。
- 若葉の爽やかな香りに心躍る頃となりました。
- 街路樹の緑が、日に日に鮮やかさを増しています。
- 立夏をすぎ、日差しの中にも夏の気配が感じられます。
- 夏を思わせるような陽気が続いております。

夏を感じさせてくれる、みずみずしい言葉

こんな言葉を、夏の手紙に書き加えることができたら素敵です。

◆風薫る

初夏、美しい若葉の中を、すがすがしい爽やかな風が吹き抜けていくことを、「風薫る」と表現します。

5月頃、電車に乗って車窓から外を眺めていると、新緑が光を受けて、きらきらと輝いているように見えるときがあります。そんなとき、私は心の中で、「風薫る5月だわ」とつぶやいています。

「風薫る5月、いかがおすごしですか」と手紙の前文に書けば、相手の心にも爽やかな風が吹くのではないでしょうか。

◆草いきれ

夏、青々と生い茂った草が太陽の光に照りつけられると、むんとした、独特の草の匂いを漂わせます。その草の茂みから放たれる熱気を「草いきれ」といいます。

「いきれ」は、蒸れてほてること。「草いきれに包まれる」というのは、いかにも夏真っ盛りというときにふさわしい言葉ですね。でも、不思議に暑苦しくなく、聞いたときにも元気の出てくる表現です。

「草いきれの立ちのぼる季節、元気にすごしています」と近況をご報告なさってはいかがでしょうか。

◆水菓子《みずがし》

「水菓子」とは、果物のこと。暑い陽気の夏の日、スイカやメロンといったみずみずしい果物をいただくと、何より涼を感じられます。昔はスイカを一玉買ってくると、食べるまでのあいだ、冷水を張った浴槽に入れて冷やしたりしたものでした。

私は桃が大好物なのですが、**「水蜜桃《すいみつとう》」**というと、いかにもみずみずしく、フルーティーで甘そうな桃だという感じがします。

夏の贈り物に果物を選んで、「**美味しい水菓子です。皆さんでお召し上がりください**」と書き添えると、大変喜ばれるでしょう。

◆山滴《したた》る

水が滴るかと思われるほど、緑の青々とした夏の山を表わす「山滴る」。俳句の夏の季語ですね。

私は以前、京都の友人から「京都もすっかり夏の風情で、**先日出かけた嵐山《あらしやま》も、山滴るという言葉のふさわしい鮮やかな景色でした**」とお手紙をもらい、その情景が心に浮かんで、うっとりとしたことがあります。

ちなみに、春は「山笑う」、秋は「山装う」、冬は「山眠る」といいます。「山装う」は、秋、山の木々が紅葉して、赤や黄色に美しく色づいた様子を、まるで「装っているようだ」とたとえているのですね。

「山眠る」というと、雪が白く積もり、しんと静まっている山のイメージが浮かび、まさに「眠る」というたとえがふさわしいな、とよくわかります。

◆短夜《みじかよ》

春分の日をすぎると、昼はどんどん長くなり、夏至《げし》の日にもっとも長くなります。

夏の夜は、なかなかはじまらず、あっという間に明けてしまう――「短夜」という言葉は、その夜の短さを惜しんでいる言葉です。

「暑い中ではありますが、**短夜に風鈴の音に耳を澄ませていると**、心なしか涼しくなってくるようです」

「短夜の空に咲いた、隅田川《すみだがわ》の花火は、大変華やかでまぶしいものでした」

そんな一文が書けると、短いからこそ楽しく風情がある、夏の夜を粋に楽しんでいる、という感じがします。

古《いにしえ》の日本では、男性が夜に女性の家を訪ねていく「妻問《つまど》い婚」で、男性が夜明け前に帰るのが礼儀とされていましたから、和歌や俳句で「短夜」が詠まれるときは、別れの時間が早く訪れることを恨むような、少し艶《つや》っぽいニュアンスがありました。

これが秋になると、夜の時間もしだいに延びてくるので、「夜長《よなが》」というのですね。

夏を楽しむ、素敵な挨拶

改まった手紙の、時候の挨拶　次の語句に「～の候」「～のみぎり」と続ける

6月……初夏、入梅、長雨、桜桃、青葉、薄暑、向夏
7月……盛夏、仲夏、夕立、大暑、驟雨《しゅうう》、炎暑
8月……残暑、納涼、晩夏、避暑、暮夏、立秋、向秋

6月

- 向暑のみぎり、つつがなくお仕事に励まれているご様子、何よりに存じます。
- 紫陽花《あじさい》が大輪の花を咲かせる頃となりました。
- 長かった梅雨もようやくあがり、夏の訪れも近いようです。
- 若鮎《わかあゆ》の躍る季節になりました。

○衣替えも終え、夏の装いが目にとまるようになりました。

7月

○青空に入道雲が湧き上がる盛夏となりました。
○涼しげな風鈴の音が聞こえる季節になりました。
○花火が夜空を美しく彩る季節となりました。
○七夕《たなばた》飾りが軒先に心地よく揺れております。
○西陽《にしび》の強さが一段と増してきました。

8月

○蟬《せみ》しぐれの降り注ぐ夏の盛りになりました。
○照りつける日差しも、だいぶ柔らかくなって参りました。
○夜風は、すでに秋を感じさせてくれるこの頃です。
○夏を見送るヒグラシが鳴きはじめました。
○一雨ごとの涼しさに、秋の足音が感じられます。

秋を感じさせてくれる、穏やかな言葉

こんな言葉を、秋の手紙に書き加えることができたら素敵です。

◆水澄《す》む

秋が深まり、大気ばかりでなく、水も清らかに透き通ってきたという感じを「水澄む」といいます。若い頃、春と秋とどちらが好きかと聞かれると、秋生まれの私は「秋が好き」と即座に答えていました。秋の澄んだ大気が好きだったからです。

中国の五行説《ごぎょうせつ》では、秋に白色をあてて「**白秋**《はくしゅう》」というのもわかるような気がします。ちなみに「青春《せいしゅん》」「朱夏《しゅか》」「玄冬《げんとう》」と、春には青、夏には赤、冬には黒があてられています。なんだかわかる気がして面白いですね。

◆灯火《とうか》親《した》しむ

秋になると涼しくなり夜も長くなって、灯りの下で読書をするのに適していることを、「灯火親しむ」といいます。

暑い夏が終わって、秋の夜長、優しい電灯の下で読書をするのは、幸せな時間ですね。秋風のせいか、心も落ち着き、ゆったりとした時間が流れます。本のページをめくる指の感触なども、うれしく感じるものです。

「**灯火親しむ秋の夜長**、先日あなたに教えていただいた本を、胸ときめかせながら読んでいます」……そんなお手紙を書きたいものですね。ぜひ、読書の秋を満喫してください。

◆紅葉狩《もみじが》り

春の醍醐味《だいごみ》がお花見なら、秋の醍醐味は、やはり紅葉狩りです。

平安時代の貴族は、山野に出かけて自然を愛《め》でることを「狩り」といいました（かつては、お花見のことも「桜狩り」といったそうです）。そんな紅葉狩りで詠まれた和歌を紹介しましょう。

「小倉山 嵐の風の 寒ければ 紅葉の錦《にしき》 きぬ人ぞなき」（藤原公任《ふじわらのきんとう》）

小倉山から吹いてくる風が寒いので、紅葉の葉がはらはらと散っていき、それが人々の着ている服に降りかかって、みなが錦を着ているかのように見えることだ――紅葉の美しさを「錦」にたとえた、なんとも見事な和歌です。

このように紅葉は、「山装う」ともいわれるように、美しい着物にたとえられてきました。

「先日は、高尾山へ**紅葉狩りに出かけ、赤や黄色に美しく装った山を眺めて**、気分をリフレッシュしてきました」

そんな一文を書きたいものですね。

紅葉は、夜の冷え込みが厳しく、日中との寒暖の差が大きければ大きいほど、赤や黄の色の輝きが増すそうです。人間の一生もこれと似ていると、私は感じています。厳しさ、苦労を乗り越えて、それによって自分を磨くことのできる人が、より輝くことができるのではないかと思っています。

◆枯尾花《かれおばな》

初めて「枯尾花」と聞いたとき、どんな花なのだろうと思ったら、枯れたススキをそういうのだと知って、妙に納得したことを覚えています。

夏から秋にかけて野原に広がる、穂をつけたばかりのススキは、白くふんわりした花穂が輝いて、まるで狐《きつね》の尻尾《しっぽ》のように見えますが、それが枯れてくると「枯尾花」になるというわけです。

「**幽霊の正体見たり枯尾花**」ということわざは、幽霊だと思ってよく見たら枯尾花だった、ということから、心に不安や恐怖心があると、なんでもないものごとが恐ろしく見えてしまう、ということをたとえたのですね。

「**風に揺れる枯尾花に、秋の終わりを感じます**」

そんな一文を書けると、秋のもの悲しい余情を感じさせるようです。

ちなみに、中秋の名月にススキを飾るのは、神様の依代《よりしろ》にするためです。また、ススキが、稲穂に似ていることから、豊作を祈って飾るものでもあります。

秋を楽しむ、素敵な挨拶

改まった手紙の、時候の挨拶　次の語句に「〜の候」「〜のみぎり」と続ける

9月……初秋、秋晴、秋涼、新秋、涼風、野分、白露
10月……菊香、清秋、錦秋、仲秋、紅葉、秋冷、秋雨
11月……晩秋、暮秋、向寒、落葉、夜寒、霜秋、深冷

9月

○夜空の月が美しく感じられる頃となりました。
○いつのまにか蟬の音も聞こえなくなって参りましたね。
○一雨ごとに、秋の深まりを感じる頃となりました。
○台風一過の高く澄みきった青空に、いわし雲が浮かんでいます。

10月

- 絶好の行楽日和が続いております。
- 街路樹の葉も色づきはじめ、日ごとに秋の気配が深まって参りました。
- 衣替えもすぎ、秋の装いが目につくようになりました。
- 街を歩くと、ふと金木犀《きんもくせい》の芳香《ほうこう》が漂ってきます。

11月

- 穏やかな小春日和が続いております。
- 菊の花の香り高い季節を迎えました。
- 落ち葉がはらはらと風に舞う季節になりました。
- 秋も深まり、陽だまりが恋しく感じられます。
- 庭の山茶花《さざんか》の花も咲きはじめました。
- 冬が駆け足で近づいてくるようです。
- 今年も鍋物が恋しい季節になりました。

冬を感じさせてくれる、温かい言葉

こんな言葉を、冬の手紙に書き加えることができたら素敵です。

◆風花《かざばな》

初冬、ちらちらと風に運ばれるようにして降る雪を、「風花」といいます。また、晴天の日に、風上の降雪地から風に送られて、まばらにちらつくように飛来する雪を、こう呼びます。

晴天の空から、雪がひとひら、ふたひらと舞い降りてくる様子は、春を待ち望んでいる人に桜の花びらを連想させ、心を温かくさせるのでしょう。

特に北国の人にとって、澄みきった青空にひらひらと舞う風花に気づいたときは、思わず空を見上げ、優しい気持ちになれる瞬間なのではないかと想像してしまいます。

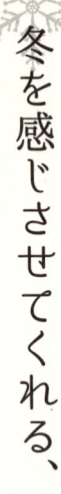

「風花の舞う季節となりました」「**冷たい空から、風花が舞っているのに気づき、凍えていた心が華やぎました**」――そんな一文を手紙に書けると、ロマンティックです。

◆月冴《さ》える

冬の月が、冷たく澄んで見えることをいいます。名月といえば秋のイメージがありますが、私は冴《さ》え冴《ざ》えと宝石のように輝く冬の月のほうを、より美しく感じます。思わず見とれる瞬間には、寒さも忘れてしまうほどです。

そんな季節のお手紙の書き出しでは、「**月冴えるこの頃……**」としてみてはいかがでしょうか。冬の月を見るたびに口ずさみたくなる、こんな唱歌があります。

「凍れる月影　空に冴えて　真冬の荒波　寄する小島　思えよ灯台守る人の　尊きやさしき愛のこころ」。責任感と情熱を胸に灯台を守る人を、冬の月が煌々《こうこう》と照らし、静かに見守ってくれている……そんな情景が目に浮かぶのです。

◆小春日和

11月頃、冬の寒い日が続く中、春かと思うような暖かい日があると「今日は、小春日和ね」と言います。まるで春のような日だ、ということですから、冬の季語で、実際の春には使いません。陰暦10月の異称でもあります。

「寒い季節が続いていますが、先日、**一日だけ小春日和の暖かい陽気の日があり**、外出を楽しみました」と書くと、ぽかぽかとした気分が、相手にも伝わるようです。

◆埋火《うずみび》

昔は、寒い時期には火鉢《ひばち》や炉《ろ》を囲んで、暖をとりました。そんなとき、消えないように灰にうずめた炭火のことを、「埋火」と呼びました。こうすると火の持ちがよくなる、という暮らしの知恵だったのですね。

転じて「埋火」は、「人の心の奥に潜む情熱」の意にも用いられます。

「**埋火の 夢やはかなき 事ばかり**」(正岡子規《まさおかしき》)

「これもやりたい」「あれもやろう」と思いながら、いつのまにか灰のようになって消えてしまった夢を埋火に重ねた、子規の句です。あなたの心の埋火は何ですか?

それを実現できるかはわからなくとも、心に情熱を持って生きることが大事なのかもしれません。

守田満《もりたみつ》さんという熊本県在住の女性は、70歳から陸上短距離走をはじめ、90代で、90歳クラス陸上100メートルの部で23・15秒というタイムをたたき出し、そのクラスの世界記録を更新されました。今なお走り続けていらっしゃいます。埋火を儚き夢になさらなかった、守田さんの情熱に感動します。

◆木守柿《きもりがき》

冬の青く澄みきった空の下、葉の落ちた柿の木の先端に一つ、二つと鮮やかな赤い柿の実が残っているのをご覧になったことがあると思います。

どうして、すべて実を穫《と》ってしまわないのかしらと疑問に思っていたら、木にやってくる鳥にあげるため、来年の豊作を祈るため、神様にささげるための柿なのだと知って、大変感動しました。そんな考えから、わざと木に残しておく柿の実を「木守柿」というのです。自分たちだけで独り占めしないで、鳥への思いやりで残しておこうと考えた、日本人の優しい心が感じられますね。

「**木守柿をご近所の柿の木に見つけるこの頃**、いよいよ新年が待ち遠しくなって参りました」――そんな一文をお手紙に書けると、とても素敵です。

冬を楽しむ、素敵な挨拶

改まった手紙の、時候の挨拶　次の語句に「〜の候」「〜のみぎり」と続ける

12月……初冬、師走、寒冷、歳晩、極月、雪見月、新雪

1月……新春、初春、頌春《しょうしゅん》、大寒、寒冷、厳冬

2月……立春、残寒、余寒、春寒、残雪、向春、梅花

12月

- 寒空の星も冴えわたって見えるようになりました。
- 花屋さんの店頭では、ポインセチアの赤がひときわ目をひきます。
- 今年も穏やかに暮れようとしています。
- 木枯らしに一段と寒さを感じるようになりました。

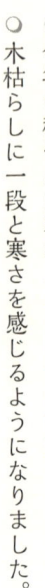

○朝から降り続いた雨が、いつのまにか雪に変わったようです。

1月

○例年になく穏やかな正月になり、一足早い春の訪れを感じております。
○初春にふさわしい穏やかな日が続いております。
○福寿草《ふくじゅそう》のつぼみに幸せを託すこの頃でございます。
○星も凍るような寒い夜が続いております。
○厳しい寒さの中にも、身の引き締まるようなすがすがしさを感じる日々です。

2月

○暦の上では春になりましたが、まだ余寒厳しい日々が続いております。
○梅の花もほころび、ほのかな春の気配が感じられる頃となりました。
○立春をすぎ、日ごとに春の息吹が感じられるようになって参りました。
○寒さもようやくやわらぎ、春の訪れが感じられるこの頃です。
○庭の木々も、すっかり春支度を整えたようです。

「はがき」と「封書」の違いを ご存じですか？

お手紙を出すとき、一枚で出せる「はがき」と、便せんを封筒に入れる「封書」がありますね。この二つを上手に使い分けられると素敵です。

「はがき」の語源は、葉っぱや着物の切れ端《はし》に書く「**端書《はしがき》**」です。葉っぱ、着物の切れ端、布に書く……ということは、メモ書きです。つまり、目上の方にお出しするには失礼な物なのだと、わかります。ただし、年賀状などの季節の挨拶状、旅先からの絵はがき、同窓会などの返送用には使うことができます。

はがきは本来、同輩か目下の方に宛てるためのもの。しかし、簡単に書けるはがきのほうが書きやすいという方は、はじめにひと言「**はがきにて失礼します**」と書くようにしましょう。はがきで出すのは失礼だとわかっているのだな、と先方に伝わります。

封書はその点、メモ扱いではないきちんとしたメッセージではあるのですが、近頃、その「きちんとした」が形式的に行きすぎている感じを持つことがあります。便せん1枚で書き終わったときに、わざわざ何も書いてない便せんをもう1枚入れている例です。

これは、お金包み（外包み）を、出産などのお祝い事のときは、喜びが何度あってもよいので2枚重ねて包み、お葬式などの悲しみ事は何度もあってはつらいので、1枚で包むというやり方を倣《なら》ったのだと思います。つまり、手紙の内容がお悔やみなどでない限り、便せんは2枚以上入れるほうがよいという考えなのでしょう。

しかし、お金包みは、役割としては封筒にあたるものなので、便せんにそれを応用するのは、本来おかしなことなのです。

便せん1枚で終わったときに、もう1枚入れるのは意味のないことです。

中には、何も書いていない便せんは「お返事をくださるときにお使いください」ということだと考えている方もいるようですが、それこそ、余計なお世話なような気がします。

思いやりの伝わる、「近況」の述べ方

近況を伝えるお手紙では、まず相手の近況（安否）を先に尋ねます。それから、こちらの近況を述べるのが正しい順番です。

お尋ねするにあたっても、優しい表現や、こちらが気にかけていることが伝わる言葉を使ってみたいですね。

◆つつがなく

相手の近況を尋ねる際、「お変わりなくおすごしのことと存じます」を「つつがなくおすごしのことと……」と言い換えてみてはいかがでしょう。

「つつがなく」は、「お変わりなく」の意味に加えて、**問題なく、障害なく、無事に、**というニュアンスが加わります。相手が変わらず安泰に暮らしていることを、こちらがうれしく思っています、という気持ちをさりげなく込めることができるのです。

「つつがなくおすごしのご様子、何よりに存じます」

近況を尋ねる

○いかがおすごしでいらっしゃいますか、お伺い申し上げます。
○ご機嫌いかがでいらっしゃいますか。
○ご家族の皆様にもお変わりありませんか。陰ながらお案じ申し上げます。

近況を述べる

○私どもも家族そろって元気ですからご安心ください。
○私は相変わらず、元気にすごしております。
○毎日元気に働いております。
○風邪一つひかず頑張っております。
○こちらは、無事に暮らしております。

「ありがとう」の気持ちが伝わる、お礼の書き方

お礼の気持ちがちゃんと相手に伝わるようにすることは、大人として大切なこと。たとえば何かご馳走されたり、プレゼントをいただいたりしたときは、「**必ず、お礼のお手紙を3日以内に出す**」ものと心がけましょう。お礼状を出すのが遅くなると、その言い訳を書かねばならず、書き方も難しくなりますし、相手の方も気をもむことになります。

タイミングを逃した行為を、昔の人は「**6日の菖蒲《しょうぶ》、10日の菊**」といいました。5月5日の端午《たんご》の節句、9月9日の重陽《ちょうよう》の節句をすぎても、その日のお花を飾っているように、間が抜けているということです。

どのような言葉を選ぶかと同様に、「タイミング」も非常に大事なものなのです。

◆お心にかけていただいて

敬意を込めて、感謝の気持ちを伝えたいときにぜひ使いたい、「お心にかけていただいて」という美しいフレーズがあります。相手が自分のために何かしてくださった――それは「お心にかけていただいた」ということなのです。

「いつもお心にかけていただいて、お礼の申しようもございません」

◆身に余る

たとえば、こちらに吉事があり、贈り物をいただいたとき。「素敵なお品をありがとうございます」でもよいのですが、「身に余るお品を頂戴しまして……」と書くのはいかがでしょうか。「自分にはもったいないほど素晴らしい」ということですね。

「身に余るプレゼントをいただきまして、心から感謝しております」

◆ご厚意《こうい》

「ご厚意に感謝します」と、相手の気持ちに対して感謝の言葉を述べると、よりていねいな印象を与えます。「厚意」は、思いやりの気持ち、親切な気持ちのことですね。たまに「ご好意に感謝」と誤って書く人がいますが、「好意」には愛情のニュアンスが含まれているので、相手から好かれていることを感謝することになってしまい、恥ずかしいうぬぼれの一文になります。気をつけましょう。

「○○さんのご厚意、本当にありがたく存じます」

◆幾重《いくえ》にも御礼

お礼の言葉というと、「ありがとうございます」がまず出てきますが、一つのお手紙に何度も「ありがとうございます」と書くのは、くどいですね。でも、それほど感謝している気持ちを伝えたい、ということもあるでしょう。そんなときは、「幾重にも御礼申し上げます」と書くと、ていねいで素敵です。

「お心づかいを頂戴しまして、幾重にも御礼申し上げます」

◆恐れ入ります

「ありがとうございます」の意を伝えるバリエーションです。「お心づかい、恐れ入ります」と、相手への感謝の思いを、へりくだって伝えることができます。

「ご配慮、誠に恐れ入ります」

◆うれしうございます

「うれしいです」でも素直な文章ですが、せっかくの手紙ですから、もう少し美しい言葉で書いてみたいもの。目上の方へは、「うれしうございます」と書くと、より品格ある文章になるでしょう。

「先日はお目にかかれて、本当にうれしうございました」

◆日頃は何かと

ふだんからいろいろと関わりがある方に差し上げるお手紙には、「日頃は何かとお世話になっております」と書き添えましょう。「日頃は」というひと言は、「いつも」「ふだん」と同じ意味ですが、ずっと上品です。

「日頃はいろいろお世話になりまして、誠にありがとうございます」

読んだ人の喜びが増す「お祝い」のメッセージ

結婚、出産、入学祝い……お祝いの手紙を書けることは、本当にうれしいものです。相手の人生の素晴らしい節目に、ますます喜びがふくらむような一文を書きたいものです。

そして大事なのは、送るタイミングです。この場合は時機を逃さず早めに出すことです。相手の喜びが最高潮にあるときに、お出しするのが効果的です。

心からのお礼や喜びを表現してください。内容のない美辞麗句はやめたいもの。もし、自分の側に、不幸や嫌なことがあったとしても、お祝いに水を差すことになりますから、決して書かないようにします。

お祝いの手紙で、私がよく使っている言葉をご紹介します。

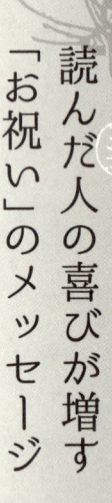

◆幾久《いくひさ》しく

「末永くお幸せに」――結婚をお祝いするときに、よく言われるフレーズです。これと同じ意味で、さらに素敵に、古風に言いたいとき「幾久しく」が使えます。「いつまでも」「変わることなく」「行く末長く」という気持ちが伝わります。

「幾久しくお幸せに、よりよいご家庭を築かれますようお祈り申し上げます」

◆心待ち

出産のお知らせほど、感激するものはありません。新しい命の誕生は、本当に幸せなもの。そんなお祝いの手紙にはいつも、「心待ちにしておりました」と書き、待ち遠しく思っていた気持ちを込めています。

「心待ち」という言葉には、心の中でずっと待ち望んでいました、今か今かと胸を高鳴らせていました、という明るいイメージが含まれているようです。

「今日か明日かと、心待ちにしておりました」

◆吉報

漢字の通り、喜ばしい知らせ、という意味の「吉報」。「吉報を拝受しました」と書くだけで、おめでたいお知らせをありがとうございます、という気持ちが伝わります。同じ意味合いの表現に「朗報《ろうほう》」がありますが、「吉報」のほうが、より祝福感がありますね。あらゆるお祝い事に使えます。

「ご退院との吉報を受け、安心いたしました」

◆我がことのように

栄転や快気祝いなどのお祝い事に際して、それをうれしくおめでたく思う気持ちを最大限に伝えたい――そんなときは、「我がことのようにうれしく思います」とおっしゃってはいかがでしょう。まるで自分のことのようにうれしい、あなたの喜びは私にとっても大きな喜びです、という意味です。

「ご栄転、誠におめでとうございます。我がことのようにうれしくお祝い申し上げます」

◆拝眉《はいび》

特に目上の方へのお手紙で、「お目にかかった折には」「お会いできた折には」という意味を、より敬意を込めて伝えられるのが「拝眉の折には」です。相手の眉を拝する、と書いて、お目にかかるということなのですから、素敵な表現ですよね。

「拝眉の折には、ぜひとも長寿の秘訣をご伝授いただきたく楽しみにしております」

具体的なお祝いの場面での一文を、以下に挙げておきましょう。

結婚

○めでたくお日取りもお決まりになったとのこと、心からお喜び申し上げます。

賀寿《がじゅ》

○このたびはめでたく卒寿《そつじゅ》のお誕生日をお迎えになりまして、おめでとうございます。

○ご機嫌麗《うるわ》しく米寿《べいじゅ》の春秋を重ねられまして、心よりお祝い申し上げます。

出産

❍うれしいご安産のお知らせ、ただ今拝受いたしました。
❍元気な赤ちゃんの産声が聞こえるような気がして、ワクワクしております。

入園・入学

❍ついこのあいだまで、お母様に甘えていらしたのに、はや学齢になられたのですね。
❍愛らしい○○ちゃんの園児姿が目に浮かびます。

卒業

❍新しい人生のスタートラインに立って、いよいよ真価を発揮されますようお祈りいたします。

❍ご卒業おめでとうございます。蛍雪《けいせつ》の功なり、新しい人生の門出を迎えられますこと、心からお喜び申し上げます。

新築

❍この度は、ご新居ご落成《らくせい》とのこと、誠におめでとうございます。

❍かねてからご新築中のお住まいが完成されたとのこと、おめでとうございます。

開店、開業

❍待望の独立ご開店おめでとうございます。

❍時期よし、場所よし、誠にご繁盛疑いなしでございますね。

贈り物に添えて

❍○○さんにお似合いと、思わず、買い求めてしまいました。気に入っていただけますように。

❍ウインドウショッピングをしていましたら、突然、この品物が目に入りました。喜んでいただける人をと思ったら、まず初めに○○さんのことを思い出してしまいました。

手紙全体の印象を左右する「結び」の一文

手紙は、結びの文章で、全体の印象が左右されます。体調を気づかうのか、今後も変わらぬおつきあいをお願いするのか、用件を簡潔にまとめるのか。相手に合わせて、一番よい結び方を選択し、それを上手に文章にしたいものです。

◆ご自愛ください

よく使われる表現ですが、「ご自愛ください」という言葉、私は大好きです。「どうぞご自愛くださいませ」と書くだけで、ご自分を大切になさっておすごしくださいね、という気持ちが、押しつけがましくなく伝わります。

「お体おいといください」「お体をおいたわりください」といった書き方も、柔らかく相手に寄り添った印象を与えて、素敵ですね。

ただし、「お体ご自愛ください」と書く方がいますが、これは誤りです。「ご自愛」の「自」にお体の意が含まれていますから、重複してしまうことになります。

「時節柄《じせつがら》、ご自愛くださいませ」

◆くれぐれも

「ご自愛ください」の前に、「くれぐれも」とひと言添えると、より相手を思っている心が伝わります。

「くれぐれも、お風邪など召されぬよう、温かくなさっておすごしください」

具体的な結びの一文を、以下に挙げておきましょう。

体調を気づかう、結びの言葉

○季節の変わり目、御身《おんみ》おいといください。
○皆様のご健康とご多幸をお祈りしております。

目上の方への、結びの言葉

- 今後とも、ご指導ご鞭撻《べんたつ》のほど、お願い申し上げます。
- これからも、なにとぞお導きくださいませ。
- 今後とも変わらぬおつきあいのほど、よろしくお願い申し上げます。

同輩や目下の方への、結びの言葉

- ますますのご活躍を、期待しております。
- 乱筆乱文、お許しください。

用件をまとめる、結びの言葉

- これにて筆を置きます。
- まずは右まで。
- 取り急ぎ、用件のみ申し述べました。
- 右、お知らせまで。

○略儀ながら書中でお知らせ申し上げます（「お知らせ」のところを、「お詫び」「ご返事」「ご挨拶」「ご案内」「お祝い」「お礼」「お尋ね」など、用件に合わせて入れ替えて使います）。

Memo

封筒に封をするときは、中央に「〆」「封」などの封字を書きます。「緘《かん》（口を閉じるの意）」は、重要な手紙に使います。

封をするときには、きちんとのりで閉じましょう。たまにセロハンテープで封をする人がいますが、手間を省いたように見えて、あまりよい印象を与えません。

新年のはじまりをことほぐ「お年賀」の挨拶

一年でもっとも多くの方が手紙を書く機会が、年賀状ではないかと思います。

近年は、さまざまな体裁のカジュアルな年賀状がつくられていますが、正式な年賀状は、「**賀詞**《がし》」と「**添え文**」と「**年月日**」の三つをそろえたものです。

「賀詞」は、新年の祝意を表わす言葉ですね。

ただし、「迎春《げいしゅん》」「賀正《がしょう》」などの二文字は、同輩か目下の方に宛てて使うものです。

目上の方に使うのは、「謹賀《きんが》新年《しんねん》」「恭賀新年《きょうがしんねん》」などの改まった賀詞です。

「添え文」は、昨年のお礼と今年の抱負、相手の健康や幸せを祈る言葉などを書きます。昨年について書くときは、「去年」は、「去」の字に「去る」の意味があるので避け、「**昨年**」「**旧年**」と書くようにしましょう。

「年月日」は、「平成○○年　元旦」と書きます。「**元旦**」は、「一年のはじまりの朝」という意味があり、「一月一日」と同じではないので、「一月元旦」や「一月一日元旦」と書いては、同じことを繰り返していることになってしまいます。

年賀状の「賀詞」のいろいろ

- 謹賀新年……「謹んで新年をお祝い申し上げます」の意
- 恭賀新年（恭賀新春）……「うやうやしく新年（新春）をお祝い申し上げます」の意
- 賀正……「正月をお祝い申し上げます」の意
- 賀春……「新春をお祝い申し上げます」の意
- 頌春……「春をたたえます」の意
- 迎春……「春を迎えます」の意
- 謹んで新年の御《ご》祝詞《しゅくし》（賀詞）を申し上げます。
- 謹んで新春の御慶《ぎょけい》を申し上げます。（目上の方に使える）

5章

自分もみんなも笑顔になる「会話のおもてなし」

初対面で、グッと〝心の距離〟が近づく挨拶

人とお目にかかったとき、最初に話すひと言が、その相手への印象を大きく左右します。

最初の印象がよければ、そのあとの会話も、スムーズに気持ちよく弾んでいくでしょう。

初めてお目にかかる方でしたら、

「はじめまして、私、岩下宣子と申します。どうぞ、よろしくお願いします」

と自分から先に名乗りましょう。

このとき、姓だけを言うのは、なんだか尊大な感じに聞こえます。姓と名の両方を言うことで、ちゃんと相手を立てた表現にもなります。

自己紹介は、明るく爽やかに花のような笑顔で。初対面の相手だと、つい緊張感や警戒心が顔に表われがちだからです。

「こちらから先に自己紹介＋花のような笑顔」で、相手の感じている不安を、包み込んでしまうようなイメージで接しましょう。「自分から先に相手を好きになれば、相手も自分を好きになる」――これは、人づきあいの真理だと思います。

何度も会っている方でしたら、「おはようございます」「こんにちは」「こんばんは」と、**ＮＨＫ（ニコニコ・ハキハキ・キビキビ）**を心がけて挨拶するといいですね。

久しぶりに会った方なら「お久しぶりです」とか「ご無沙汰しております」など、相手の気持ちを慮りながら挨拶すると、相手との距離が一気に縮まります。

久しぶりに会った方には、どう声をかける？

あなたは、久しぶりに会った方に「ご無沙汰しております」と言われるのと「お久しぶりです」と言われるのと、どちらが好きですか。

「ご無沙汰」には、会いに行ったり手紙を書いたりといった、お近づきを続ける試みをしなかったことを、敬意を込めて詫びる意味合いが含まれます。「長らくご無沙汰をしておりまして、申し訳ありませんでした」というニュアンスですね。

一方、「お久しぶり」は、時の流れが自然に二人を遠ざけていただけで、また時機がめぐってきて近づけたような感じで、相手に心の負担を感じさせない表現だと思います。

ですから、目上の方には、敬意を込めて「ご無沙汰」を使い、親しい方には「お久しぶり」を使うといいでしょう。

「お久しぶり」に代わる言葉で、新聞で見かけた素敵な言葉がありました。長野県の安曇野《あずみの》の方言で「おはるかぶりでございます」と言うそうです。「お遥かぶり」とは、なんだか語感も優しく、心に響く感じがします。

どんなときでも、挨拶をするときに大事なことは、こちらから先に相手に好意を持つことです。

人の心は「鏡」です。こちらが好意を持てば相手も好意を持ってくれます。

「嫌だ」と思うと相手からも「嫌だなあ」というメッセージが返ってきます。

スムーズなコミュニケーションをとるためには、相手に対して好意を持つことが大切です。それが笑顔の挨拶、楽しい会話につながるのですから。

Memo

人と話すとき、その話の内容もそうですが、表情や仕草が、相手の心に与える印象は大きいものです。話を聞いているとき、腕を組むと「拒絶」しているサインのように見えるので、やめましょう。また、緊張していると、つい自分のあごや鼻を触りたくなるものですが、相手に居心地の悪い思いをさせてしまうので、しないように注意したいですね。

会話が3倍弾む「相槌《あいづち》」の打ち方

聞き上手な方との会話は、とても楽しいですね。誰でも、自分の話をしっかり聞いてくれる方に好感を持つようです。

そして、「あなたのお話を聞いていますよ」ということをわかりやすく伝えられるのが、相槌です。

話をしているとき、日本人は目をじーっと見られると、圧迫感を覚えるようです。

相手に圧迫感を与えないためには、**〝両肩を結んだ線を下辺、額のあたりを上辺とした四角形の中〟を見る**ようにします。その四角形の中から、少しでも目がそれてしまうと、今度は話をしっかり聞いていないように感じさせてしまいます。

座っているときであれば、椅子には少し浅めに腰かけて、重心を太腿《ふともも》におきます。

そうすると、上体が少し前に傾いて相手と近くなるので、興味を持って相手の話を聞いているように見えます。

名前を呼ばれたときに「はい」と答えるように、相槌も「ええ」より「はい」のほうが、相手を立てる改まった言い方です。間違っても「はいはい」と二度続けて言ってはいけません。

共感を表わす相槌なら**「そうですか」「面白そうですね」「よかったですね」「それから、どうなったのですか」**などでしょう。

感心したときに「なるほど」と言う人を見かけますが、目上の方に「なるほど」は失礼です。「なるほど、さようですか」「なるほど、さようでしたか」とていねいに言えば、問題ありません。

もちろん、黙ってうなずくという相槌もあります。私は若い頃、この相槌で大変な失敗をしました。小笠原清信先生とご一緒にテレビに出演したときのことです。

あとになって、そのときの録画映像を観ていて気づいたのですが、小笠原先生がお話をなさっているあいだ、私は、あまりに頻繁にうなずいていたのです。見ていてなんだかとても見苦しい状態でした。「聞いていますよ」が過剰に表現されていて、本当に恥ずかしく思ったものです。

「すぎたるは及ばざるがごとし」で、相槌を打つ回数、さらにはタイミングも難しいものです。何事も塩梅のよさ（バランスのよさ）が必要です。過剰になってはいけないし、反応がないように見えるのもいけません。

たかが相槌、されど相槌です。ちょっと意識して、人の相槌を見てみてはいかがでしょうか。

相手に共感するほど、距離が縮まる

相槌に限らず、会話で大切なことは、相手に共感して話を聞くこと。

共感とは、相手の立場に立って考える思いやりの心です。目の前で話している相手が、本当にうれしそうだと思えば、心から「それはよかったですね」と共感するほど、会話は弾み、距離も縮まります。あなたも実際に、自分の話をよく聞いてくれて、共感してくれる友達が大好きでしょう！

そのような「共感力」はどのように養えばよいでしょうか、という質問を受けることがあります。たとえば、作家の司馬遼太郎《しばりょうたろう》は小学生への講演で「たとえば友達が転んだとき、ああ、痛かったろうなと思うだけでよい」と言っています。

ただ最近、共感している表現のつもりなのか、「大丈夫です」をやたらに多用する方がいます。

たとえば、買い物をして、領収書を頼んだとき「ご面倒をおかけします」と言ったら、「大丈夫です」と返されてびっくりしたことがあります。

店員さんは、私が申し訳なさそうに頼んだので、そこに共感して「大丈夫」と言ったのでしょうが、この場合は、相手の立場になれば「いいえ」とまず否定して、「**（面倒なんて）とんでもないことです**」と言うことで、心が通うのだと思います。

話の途中で〝沈黙〟がおとずれたら……

これまで私は人との会話が途切れるのが怖くて、「何か話さなくては、何か話さなくては」と常に焦っていることが長いあいだ続きました。「沈黙は金」などという言葉がありますが、私は沈黙をあまり怖がらなくなるまでに、ずいぶんと失敗をしてきたように思います。

フランス人は、そのようなとき「**あっ！　今、天使が通りすぎましたね**」と言って次の話題を探すそうです。とてもチャーミングなよい表現だと思います。この話を友人にしたら「あっ！　今、しらけ鳥が通りすぎましたね」と言ったほうが面白い……と冗談を言われました。

そんなときは、「話の継ぎ穂《ほ》」になってくれる「きどにたてかけし衣食住」の話題を選ぶとよいでしょう。

「きどにたてかけし衣食住」とは、**気候の話・道楽（趣味）の話・ニュースの話・旅の話・テレビの話題・家庭（家族）の話・健康の話・仕事の話・衣服の話・食の話・住まいの話**です。「木戸に立てかけし」と覚えやすく、この頭文字をとりました。

き：気候……その日の寒暖、季節のこと、異常気象など
ど：道楽……読書、映画、音楽など
に：ニュース……世間で話題になっている芸能、スポーツ、事件など
た：旅……休日のすごし方、旅行へ行った場所など
て：テレビ……観ているドラマはあるか、好きな番組など
か：家庭……家族は元気か、最近は会ったか、ペットは飼っているか、など
け：健康……体のこと、健康法、ダイエット法など
し：仕事……どのような仕事をしているか、調子はどうか、など
衣：着るもの……相手のその日の服装をほめる、など
食：食べ物……好きな食べ物、最近食べたグルメ、よく行くお店など

住：住まい……互いの住んでいる場所や出身地について、同郷の有名人、名所、名物、県民性など

（※「政治・恋愛・給料・宗教」の話題は、非常にデリケートな領域なので、避けるようにします）

これらの中から、相手が答えやすそうな質問をしていけばよいのです。

無理をして、自分が面白いことを話そう、場を盛り上げようとする必要はありません。特に、まだ出会ったばかりの相手と話す場面であれば、聞き手に徹していきましょう。**「聞く話7：自分の話3」**ぐらいの割合でよいのです。「自分のことを知りたがってくれているんだな」と喜ばれますし、質問に対して返ってきた答えから、話題をふくらませていけば、よりスムーズです。

初対面の方と話す際に、意外によく盛り上がるのが、出身地の話でしょうか。自分の出身地と相手の出身地が違う場合は、こんな方言があるとか、こういう「B級グルメ」が地元のソウルフードだ、といった話をすると、驚きと発見があり、楽しいもの

です。

敬語も、はじめはきちんとした敬語を使って話して、相手の様子を見ながら、少しずつくだけた敬語にすることによって、親しみを感じてもらえます。あまり早い段階で敬語を崩すと、なれなれしい人と思われてしまいますが、この塩梅を見極めることで、距離が縮まります。

私は、どのような人の話でも興味を持って聞いているほうだと思います。自分では決して経験できないことを聞けるので、人のお話って面白いですよね。「知るは人生の楽しみ」という言葉がありますが、まさにその通りです。

人をほめるとき、必ず喜ばれる言葉の選び方

相手をよく観察しないと、相手に心底喜んでもらえる「ほめ言葉」は見つかりません。相手の表情、持ち物などをさりげなく観察して、最適な言葉を選びましょう。たとえば、凝ったデザインのバッグを持っている方だったら「素敵なバッグですね。よく似合っていらっしゃいますね」などと具体的にほめるのがコツです。〝ほめられたいところ〟をほめられたとき、人はうれしいものなのです。

また、これは少し難易度が高いですが、喜ばれるのは、相手の放っている「雰囲気」全体をほめることです。服装などの見た目だけをほめるより、ずっと喜ばれます。たとえば、立ち居振る舞いが美しく、きりっとしている方であれば、「**凛々《りり》しい**ですね」「**凛《りん》として**いらっしゃいますね」。そんなあなたをまぶしく素敵に感じています、

というニュアンスが伝わります。

相手が女性であれば、「**華やか**ですね」「**しとやか**ですね」「**麗《うるわ》しい**方ですね」。

なんとなく、その人の持っている空気感自体が、魅力的だなあと思ったときは、「たたずまいが**洗練されていらっしゃいますね**」。

また、さまざまな趣味のお話を伺ったあとであれば、「音楽に**造詣《ぞうけい》が深い**なんて、素敵です・憧れます」というひと言もいいでしょう。「おくわしいんですね」「すごいですね」と言うよりも、深い敬意と感嘆の思いを込められます。

もちろん、本当にそう思ったときに、心を込めてほめることが何より大事です。

ほめ言葉で気をつけたいのが、つい言ってしまいがちな「お若く見えますね」「やせて見えますね」というフレーズです。「見える」ということは、実際は違うということになってしまうので、相手に失礼です。

それから、過去のことをほめるのもいけません。「昔、きれいだったでしょう」などと言うのは、ほめているつもりでも、ちっともほめていることにはならないので、ご注意を。

「謙遜上手」は好感度が高い

人からほめられたとき、素直に「ありがとうございます」と受ける場合と「いいえ、とんでもないことです」と否定する場合があるように思います。

生まれつきのものである顔立ちや体型など、努力しないで得られていることをほめられたときは、「いいえ」と否定してもいいでしょう。努力したものをほめられたら「ありがとうございます」と受けてもよいのではないでしょうか。

もしも「お美しいことですね」と言われたら「いいえ、とんでもないことです。お恥ずかしいです」と、「打消しの言葉＋謙遜の言葉」で。

たとえば、仕事ぶりや、自分の作品などをほめられたら「ありがとうございます。なかなか上手になれなくて」と、「感謝の言葉＋謙遜の言葉」で。

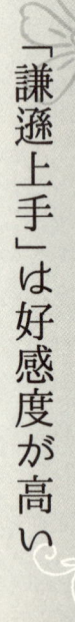

謙遜する言葉にも、さまざまな表現があります。

一番日常的に使いやすいのが、「**恐れ入ります**」でしょう。どんなシチュエーションでも、どんな相手にも使える、美しい謙遜の言葉です。

目上の方に過分にほめられたときは、「**お買いかぶりを**」「恥ずかしいです」と、照れた感じで言うのも、好感を持たれます。親しい間柄なら思い切って「**おからかいを**」「**おたわむれを**」と古風に返すと、楽しい会話になります。「ご冗談でしょう」と言うより、お互いに気まずくならずに、いい印象が残せます。

書画や工作など、目で鑑賞するものについてほめられたときに使えるのが、「**お目汚し**で恐縮です」。お見苦しいものをご覧いただいて恐れ入りますが、という意味です。

これと似ている言葉に、「**お口汚し**」がありますが、こちらは「ほんのわずかな、満腹していただけないほどの量ですが」という意味です。食べ物をおすそわけをするときや、お客様にちょっとしたお菓子をすすめるときなどに使う表現で、少しニュアンスが異なります。

別れ際、いつまでも相手の心に残る言葉

お別れのひと言は、お迎えの言葉以上に大切です。お別れしたあと、その方が一人になったとき、頭の中で最後の言葉がこだまのように響くからだと思います。相手に〝いい余韻〟を残す言葉をかけたいものですね。

私は、マナーの講習会が終わったあと、会場の出口で感謝の気持ちを込めて、皆様をお見送りするようにしています。そのときには、

「ありがとうございました。よい毎日をおすごしください」

と申し上げています。

私の話を聞いてくださった方たちですから、お世辞とは思いますが、「勉強になりました」「感動しました」と、いろいろと声をかけてくださいます。

その中で特に私がうれしかったのは「**また、いらしてください**」と言われることです。なぜか、この言葉がとてもありがたく響きます。「また話を聞きたい、また会ってもいいと思っていただけたんだな」と感じるからでしょうか。

「**また、お目にかかりましょう**」――これもどのようなシチュエーションでも、別れ際に言われてうれしいひと言ではないでしょうか。楽しい時間をすごさせてもらったことへの感謝と、また会いたいなという気持ちが、言外に込められているようです。

「**また、ぜひ、お目もじかないますように**」も、古風でいいですね。

「ごきげんよう！　**また、ご連絡させてください**」と、こちらから連絡すると言うと、相手は「好感を持ってもらえたんだな」と安心できます。

相手が風邪をひいていて、具合が悪そうだったときは、「お風邪が早く治りますように……」と、気づかう言葉も、相手の心に響くことでしょう。

もし、その方のご家族とも顔見知りなら、「**お母様にくれぐれもよろしくお伝えください**」と言うと、「覚えていてくれたんだな」と思ってもらえます。

人からのお誘い・頼まれ事を、柔らかく断るには

人からのお誘いを、どうしても断らなければならないという場面、ありますよね。
そんなとき、どんな言葉でお断りすれば、気まずくならないのでしょうか。
まず、飲み会やお食事に誘われたときのお断りは、次の〝公式〟を意識してください。

「ありがとう（感謝）**＋ごめんなさい**（謝罪）**＋また、お誘いください」**

最初に、「ありがとうございます」と、お誘いへのお礼を言います。それから「申し訳ありません」と、応えられないことを謝罪します。
その上で、「その日は、あいにく先約が入っていまして、伺えないのですが、また、ぜひお声をかけてください」と、伝えるのです。

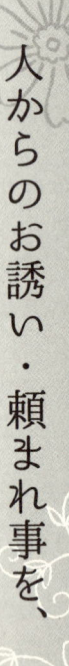

この「**また誘ってください**」という最後のひと言が、大事なポイントです。こう言えば、「あなたのことを嫌がって、断っているのではないのです」という心が伝わり、相手にも嫌な思いをさせないでしょう。

上司や職場の人との飲み会は苦手、という人もいます。けれど、職場以外の場所で飲んだり食べたりすることで、相手のいろいろな面が見えて、より仕事もしやすくなります。こちらのことも理解してもらえる、よいチャンスです。

「和」の漢字のノギ偏は、「穀物」を表わしています。人は食べ物を口にすることで、心がなごむようです。誘われるということは、嫌われていない証拠です。そうした時間も楽しんで、人間関係がより潤滑になるといいですね。

人からの頼まれ事を断るとき

人から頼まれたことを断らなければならない。この場面は言い方が難しいですよね。

相手の期待に応えられず申し訳なく思う気持ちを、上手に伝える必要があります。

そんなときはまず、「申し訳ありません」とていねいなお詫びからはじめます。

そして、「**お引き受けしたいのですが**」「**お役に立ちたい気持ちはあるのですが**」「**せっかくお頼りいただきましたのに**」「**心苦しいのですが**」「**お力になれず恐縮ですが**」と、引き受けられずに残念に思っている気持ちを伝えます。

最後に、お受けできない理由です。「その日は先約があるため」「どうしてもスケジュールの都合がつかず」など、相手の気分を害さない理由を慎重に伝えましょう。

理由を具体的に言えないときは、「**よんどころない事情**がありまして」という言葉が重宝します。「よんどころない」は、「やむをえない」「仕方がない」という意味です。このひと言で、自分の一存ではどうにもならない事情があるのだ、というニュアンスが伝わるでしょう。

また、「お引き受けしたいのですが、**私には荷が勝ちます**」と、自分に引きつけて、謙遜する形で理由を述べるのもいい方法です。自分にとっては大きな仕事すぎて、とてもこなしきれそうもありません、ということですね。

「できません」「無理です」と言うと、自分の都合を優先させている感じがして、角が立ちますが、「荷が勝つため」と言えば、頼まれたことの重要さを理解しているからこそ、自分の器では断らざるをえないのだ、というニュアンスになります。

意味は同じですが「荷が重すぎます」と言うと、なんとなく暗い印象、できそうにないことを頼んできた相手を言外に責める印象がありますが、「荷が勝ちます」は、あくまで自分の問題だという印象を与えます。

そして、**「なにとぞご容赦《ようしゃ》ください」「お汲《く》み取りください」**と、許してほしい、ご理解いただきたい、とていねいに締めれば、相手もそれ以上、無理を言わないでしょう。

相手への気くばりが伝わる〝クッション言葉〟のコツ

〝クッション言葉〟は、前にも例を出しましたが、会話の頭に置くと、その状況や、**後に続く「言いづらい言葉」の意味合いをやわらげる働き**をしてくれます。

たとえば、上司に相談したいことがあるときに、いきなり「お話ししたいことがあるのですが」と言うのと「**お手すきのときに**、お話ししたいことがあるのですが」と言うのと、どちらが受けやすく聞こえるでしょうか。

「お手すき」は、手の空いているときに、ということですから、お時間の余裕のあるときにお願いします、という配慮がこもっています。

あるいは、お客様からのお電話で、指定された人がいないときに、「部長の岩下は、外出しております」と言うのと、**「あいにく、**部長の岩下は外出しております。3時には戻る予定でございます。戻りましたら、こちらからご連絡いたしましょうか」と言うのとでは、いかがでしょう。

電話がかかってきて、その本人がいないときには、後者のように、**「クッション言葉＋状況の説明＋情報＋気くばりの言葉」**（あいにく＋部長の岩下は外出しておりまして＋3時に戻る予定です＋戻りましたら、こちらから……）という流れに沿って話すと、申し訳ない気持ちが伝わりやすくなります。

「あいにく」は、期待に応えられないさま、タイミングの悪いさまを表わしますが、状況を説明する言葉の前に置くと、それについてこちらが申し訳なく残念に思っていることを伝える役割をしてくれます。

相手が気を悪くする可能性があることを話さねばならないとき、こうしたクッション言葉を使うだけで、柔らかいものの言い方になります。使いこなせると便利です。

どのようなときに、どのような言葉を使うと効果的か、以下に挙げてみます。

頼み事をするとき

- 恐れ入ります
- 恐縮ですが、恐縮でございますが
- （ご多用のところ）申し訳ありませんが
- ご面倒をおかけしますが
- お手数をおかけしますが
- 折り入ってお願いがあるのですが
- ぶしつけなお願いではありますが
- お手すきのときに、お願いしたいのですが

質問したいとき

- 失礼ですが
- お尋ねしたいことがあるのですが
- つかぬことを伺いますが
- よろしければ

○差し支えなければ

苦情を言うとき

○すみません、困っていることがあるのですが
○失礼かもしれませんが
○申し訳ありませんが
○このようなこと、言いづらいのですが
○厳しいことを申し上げるようですが
○大変申し上げにくいことなのですが

こんな「誤った敬語」を気づかずに使っていませんか

気づかないうちに〝誤った敬語〟を使っていて、実は大変失礼だったということは、意外に多くあります。「そんなつもりはなかったのに」ということがないように、ここで、その例をいくつか挙げてみます。

×「お名前、頂戴できますか」↓○「お名前をお教えいただけますか」

電話口で、こちらの電話番号と名前を尋ねられるとき、「お名前、頂戴できますか」と言われると、思わず私は「あげません」と言ってしまいます。私の大事な名前や電話番号は、人にはあげられません。

「頂戴」を、謙遜ではないフラットな表現にすると、「もらう」です。他人にもらわれては困るのが名前と電話番号です。

こうした場面では〝クッション言葉〟を使って、「恐れ入ります。お名前とお電話番号を教えていただけますか」「失礼ですが、お名前とお電話番号をお教え願えませんでしょうか」とお伺いしましょう。

相手の大事なものですから、少々言葉が長くなってもていねいに尋ねたほうが、好感を持ってもらえます。

×「よろしかったでしょうか」→○「よろしいでしょうか」

電話で大事な情報を伺ったとき、復唱確認をするのは大事なことです。

しかし近頃、人に電話番号を尋ねたあとに「047　422　××××番でよろしかったでしょうか」と言う人がいるのですが、私はこれに違和感があります。そんなつもりで言っているのではないだろうとはわかっていても、「あなたの言った電話番号に間違いはないですよね？」と問われているように感じるためです。

日本語の特性として、過去形にすると、言葉の意味を強める働きがあります。「よろしかったでしょうか」と言うと、「これで本当によいのか」と強くただすことになるのです。

相手がどうこうではなく、自分が誤って聞き取っていないかを確認するための復唱なのですから「047　422　××××番でございますね」で十分だと思うのです。「以上でご注文よろしかったでしょうか」が、サービス業の世界でNG語とされているのも、お客様の注文を確認するのに「よろしかったでしょうか」では、まるで詰問しているかのように聞こえるからです。たしかに、「以上で、ご注文よろしいでしょうか」と聞かれるのとでは、ずいぶん印象が違います。

×「部長のほうに」→○「部長に」

お得意先に伝言をお願いしたときに気になるのが「部長のほうに、そのように申し伝えます」という答え方です。

この「~のほう」という言い回しが、近頃、やたらと乱用されている気がします。「会議のほう、はじめます」だとか「ご注文のほう、以上でよろしいでしょうか」ななど聞いたことがありませんか。

「～のほう」をつけると、なんだか少していねいになると思っているのかもしれませんが、不要な言葉です。「部長は出かけております」「会議をはじめます」「ご注文は以上でよろしいでしょうか」でいいのです。

「～のほう言葉」を使う人は、すっかり口癖になってしまっています。本人は気がついていないケースがあるので、まわりがアドバイスをしてあげるといいですね。

Memo

誤用の多い敬語表現として、「いたす」「なさる」があります。「いたす」は謙譲語、「なさる」は尊敬語です。ですから、目上の方やお客様には、「どういたしましたか?」ではなく、「どうなさいましたか?」が正しい言い方です。

「上から目線」に聞こえる、こんな言葉に注意

目上の人への言葉づかいで気をつけなければならないのは、ねぎらったり、相手を評価したり、相手の能力についてふれるような表現です。

たとえば「ご苦労さま」は、労をねぎらう言葉なので、目上から目下へかける言葉とされています。労をねぎらうのは、上の立場だからこそできることです。

同じように「見舞う」も、「見舞う人」が「見舞われる人」の優位に立つことになるので、目上の方への病気見舞いや季節の挨拶状には、「**御伺**《おうかがい》」と書くのがよいでしょう。

今は、ほとんどの人が市販の「御見舞」と書いたお金包みを使っていますが、昔は同じ立場や目下の人には「御見舞」、目上の方には「御伺」と表書きを書きました。

暑中お見舞いや寒中お見舞いも、目上の方に対しては「**暑中御伺申し上げます**」

「寒中御伺申し上げます」と書くほうが、相手を立てた書き方になります。

また日常会話でも、「能力」についてふれるような表現は、目上の立場の方に対しては禁句です。

部長にパソコンのエクセルができるかを尋ねるとき「部長、エクセルはおできになりますか」では、「お」がついていても失礼です。「部長、エクセルは**お使いになりますか**」と聞けば問題ありません。エクセルを使うか・使わないかなら、能力に関係ないからです。

目上の方と同じ作業をして、目上の方が先に完成させたとしても、「〇〇さん、よくできましたね」は失礼です。**「さすが、**〇〇さんですね」がふさわしい言葉だと思います。

その状況と、相手との関係を踏まえた上で、ふさわしい言葉を探すのは難しいことです。そのようなときは、口に出す前に「よくできました、は失礼。さすがですね、なら……」と、頭の中でゲーム感覚で言葉を探すのです。そうしているうちに、しだいに自然にいい言葉を使いこなせるようになると思います。

相手の心にじんわり広がる「励まし」の言葉

私が一番気をつかうのが〝励まし〟の言葉です。

なぜなら性格上、何かとすぐに「頑張れ！」と言ってしまいがちだからです。ですが、すでに頑張っている人に「頑張れ！」と言うのは、よく考えれば酷《こく》な話です。

仕事に家事にと忙しくすごしている友人や、必死で勉強している受験生に向かって「頑張れ！」と言うと、もう十分、全力で頑張っているのに、これ以上頑張れと言うの？　と思われるように感じます。

そう考えてから、私は「**頑張ろうね**」と言うようにしています。

一方的な「頑張れ」よりも、共感の「頑張ろうね」のほうがずっと、優しい言い方ではないでしょうか。

こんな場合もあります。入院している職場の同僚に、「早く元気になって、復帰してね」とか、「みんなが、元気になることを応援しています」などと言うのはどうでしょうか。この言い方だと、ちょっとプレッシャーを感じさせてしまうかもしれません。本人はただでさえ、自分が休むことで職場に迷惑をかけていないかと心配しているものなので、逆効果になるかもしれません。

そんなときは、

「元気になって、また、お仕事いろいろ教えてくださいね」

「○○さんがいらっしゃらないと、なんだか職場が明るく感じられないのです」

と、**「みんながあなたを必要としています」**というメッセージを伝えるほうが、力になるでしょう。

自分だったらどのように言われたら心の負担にならないか、想像力をはたらかせたいところです。

悲しみの中にいる人に、どのような言葉をかけたらよいでしょう

「悲しみ事は怒りに変わる」という言葉があるように、ナイーブになっているときには、ふだんなら許せる言葉にも傷ついてしまうのが人の心です。そんなときこそ思いやりの心で、どのような言葉をかけたらよいか考えたいものですね。

「自分がこの方の状況だったら、立場だったら、どのような気持ちなのだろうか」と想像し、その人の気持ちに寄り添うようにするのです。


なぐさめの言葉を尽くすより、ただ相槌を打ちながら話を聞くことを望まれているときもあるでしょう。感情を全部吐き出すことで、気持ちも少し楽になるかもしれません。

相手の気持ちを察するためには、日頃から、その人の性格や嫌がることなどを知っ

ておく必要があります。

お悔やみの言葉

大切な人を亡くしたばかりのときは、どんななぐさめも届きません。一緒に涙を流す「おつらいですね」の気持ちを込めて目礼《もくれい》するだけでもよいのです。しかありません。

高齢の方が亡くなったときに、その息子や娘に「大往生でしたね」と言う方がいますが、よくない言葉がけです。「大往生」は立派な死に方、苦しまずに安らかに死ぬことという意味ですが、なんだか死をめでたいもののように言っているようにも聞こえかねません。ましてや何歳で亡くなられても、そのご家族は「もっと長生きしてほしかった」と思うものです。ご家族にしかわからないことがたくさんあるのだと、わきまえておきましょう。

「早く元気になってね」「大丈夫、大丈夫」といった励ましは、かえって反感を買うことになりかねません。

たとえば、夫に先立たれて、幼い子供を抱えている女性に「子供のためにも、しっかりなさってね」と言ったら、どう思われるでしょう。

本人にしてみれば、自分が子供のためにしっかりしなくてはいけないと誰よりも思っているのに、追い打ちをかけられたように感じるでしょう。こうした場面では、何か言葉をかけるとしたら「悲しいわね」「つらいわね」でしょうか。

けれどやはり、どんなに言葉を尽くしても、愛する人を失った人の心を癒すことはできません。

ですから、先人たちは「お悔やみの言葉」をつくりました。

「ご愁傷《しゅうしょう》さまです」がそれです。

紋切り型の言葉を使うのには、抵抗があるという人がいます。ですが、お悔やみを申し上げるようなデリケートな場面には、こうした先人たちが生み出した言葉が、もっともふさわしいのです。

法事のときなどは「**追々《おいおい》にお寂しいことでございます**」という言葉は、相手の悲しみに寄り添っていることが、さりげなく伝えられる言いまわしです。

Memo

葬儀に参列できない場合は、葬儀に間に合うように弔電を打ちます。喪主宛で出しますが、喪主がわからない場合は「ご遺族様」とします。弔電では「死ぬ」「亡くなる」といった直接的な表現は使わずに、「逝去《せいきょ》」「永眠」などに言い換える配慮をしましょう。

「愛語」で話せる人は、自分もまわりも幸せにする人

本書の1章で書いた「愛語回天の力あり」というのは本当だと思います。相手のことを思って、真心から出た言葉は、「天をも逆さにする力がある」のです。

相手の立場になって考えた、思いやりのある言葉が「**愛語**」です。

たとえば、「明日、9時までに来てくれないと、困るんだ」と言うのと「**明日、9時までに来てくれると、すごく助かるよ**」と言うのでは、どちらが9時までに気持ちよく行こうと思ってもらえるでしょうか。

「困る」よりも「助かる」と、プラスの表現で話すのも、大切なポイントです。

私の夫がK社の秘書室に勤めていたとき、T社の秘書室と合同で、定期的にゴルフ大会をしていました。T社（日本を代表する企業です）の社長は、朝、ゴルフ大会の

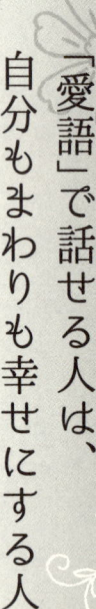

はじまる前に、夫のいるK社側の事務局に必ず顔を出して、「よろしくお願いします」と挨拶してくださったそうです。

ゴルフが終わったら、ご招待したお客様を見送り、皆様が帰られてから、また夫のいる事務局に顔を出され、「今日はありがとうございました」とお礼を言って帰られたそうです。こんな姿を見た夫は誰よりも、T社の社長のファンになりました。

どんなに偉くなっても一人で仕事はできません。多くの方のおかげで仕事ができているることをわかっている方は、このように心くばりが行き届き、ごく自然に「愛語」を話されるのだと思います。

大切な人にかけたい言葉

人を大切に思う心があれば、大切に思う言葉が浮かんできます。

私がうれしく思った気づかいの言葉も、たくさんあります。

人から届く優しい言葉は、よい「気」の贈り物であり、生きる力になってくれます。

私がよく「岩下さんはいつも元気ね！」と言われるのは、皆様から優しい言葉と心をたくさんもらっているおかげだと思います。

このマナーの道に入ることができたのも、母のひと言からでした。

「若いときしか頭に入らないことがある。1週間に1回、子供たちを預かってあげるから、マナーの勉強をしてきなさい」

と言って、片道1時間半もかかるのにもかかわらず、母は孫の面倒を見るために私の家に通ってくれました。あの母の気づかいがなかったら今の私はありません。

カルチャーセンターの講師をしていた頃、子供たちの送り迎えを、「まかせて！」のひと言と笑顔で引き受けてくれた、同じ社宅に住んでいたお母さんたちにも心から感謝しています。「やってあげている」という顔をせず、私を助けてくださった人たちがいたから、30代のときにマナーの勉強ができたのだと思います。

家庭にいる人は、いつも頑張っていますね。家事は無限にありますが、それをこなしている人につい感謝の気持ちを伝え忘れているかもしれません。

洗面所を使ったあと、きれいになっていると感じたら、「いつも気持ちよく使えてうれしい！」「トイレがいつもピカピカだね」と、「きれいにしてくれるのは当たり前」と思うのではなく、そのときにお礼を言う習慣をつけたいものです。

そんな「愛語」を自然に発する人は、自分も周囲も幸せにする人です。


最後に、「愛語」は小さい頃から使えるものだという、ちょっと昔の話を書きます。

小学生の男の子が、朝、同じマンションの住人に誰彼となく挨拶していましたが、一人だけ挨拶を返してくれない男性がいました。男の子はその人のことを追いかけてまで挨拶をしていたそうです。

するとクリスマスの日に、その男性が男の子にクリスマスプレゼントを届けてくれたのです。「いつも、挨拶してくれてありがとう!」とメッセージカードを添えて。

男の子は、よほどうれしかったのでしょう。10円玉を握りしめて、その男性の部屋のチャイムを押して、「おじちゃん、ありがとうございました。これで、たばこでも買ってください」と言って10円玉を渡したそうです。

その後、その男の子は心優しい大人になり、地下鉄の運転手の仕事を頑張っています。


（了）

参考文献

『美しいことばの抽きだし』藤久ミネ著（ＰＨＰ研究所）
『日本の大和言葉を美しく話す』高橋こうじ著（東邦出版）
『美しい「大和言葉」の言いまわし』日本の「言葉」倶楽部著（三笠書房）
『美人の心得』岩下宣子監修（アーティストハウス）

本書は、本文庫のために書き下ろされたものです。

読《よ》むだけで心《こころ》ときめく
美人《びじん》のことば練習帖《れんしゅうちょう》

著者　岩下宣子（いわした・のりこ）
発行者　押鐘太陽
発行所　株式会社三笠書房
〒102-0072 東京都千代田区飯田橋3-3-1
電話　03-5226-5734（営業部）03-5226-5731（編集部）
http://www.mikasashobo.co.jp
印刷　誠宏印刷
製本　ナショナル製本

 ISBN978-4-8379-6788-0 C0130

＊落丁・乱丁本は当社営業部宛にお送りください。お取替えいたします。
＊定価・発行日はカバーに表示してあります。

王様文庫